Le cahier anti-stress pour les enfants

190 PAGES LUDIQUES POUR AIDER LES ENFANTS
À RÉGULER LEURS ÉMOTIONS,
À DÉVELOPPER LEURS CAPACITÉS D'ADAPTATION
ET À PUISER DANS LA PENSÉE POSITIVE

Copyright © 2023 Aurélie PALAGANO
Tous droits réservés.
ISBN: 9798376531884

TABLE DES MATIÈRES

LETTRE AUX ENFANTS
LETTRE AUX GRANDS LECTEURS

1 | **COMPRENDRE LE STRESS**
2 | **CONNAÎTRE LES ÉMOTIONS**
3 | **DÉVELOPPER LA TOLÉRANCE AU STRESS**
4 | **SURMONTER LES OBSTACLES**
5 | **APPRENDRE À BIEN COMMUNIQUER**
6 | **CROIRE EN MOI!**
7 | **PENSER POSITIF**

Stress
[ˈstres] n.m.

1. Réaction de l'organisme à une agression, un choc physique ou nerveux ; ce choc (syn. réaction d'alarme).
2. Dans le langage courant, situation de tension nerveuse excessive, traumatisante pour l'individu.

Synonymes: angoisse · choc préoccupation tension · tristesse

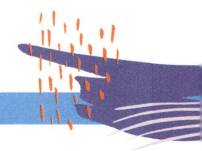

Lettre aux enfants

Chers enfants,

Ce livre est là pour vous !

Une chose que je remarque beaucoup ces derniers temps, c'est que les enfants accumulent une tonne de stress!
Peut-être que l'école est trop difficile, que le sport semble trop compétitif, ou que se faire et garder des amis n'est pas aussi facile que vous l'espériez. Ce ne sont là que quelques exemples, mais des enfants comme vous me disent toutes sortes de raisons pour lesquelles ils se sentent stressés. Je veux que vous sachiez que le stress fait partie de votre croissance. Tout le monde se sent parfois stressé et chacun peut apprendre à gérer son stress.

Ce livre vous apprendra à repérer vos propres signes de stress et à comprendre quoi faire pour vous sentir mieux, comment surmonter les obstacles qui vous frustrent (nous en avons tous !), comment partager vos sentiments et vos besoins avec les autres, comment construire votre propre confiance en vous en croyant en vous-même, et comment utiliser la pensée positive pour traverser des moments difficiles. Je parie que cela semble être beaucoup, mais je sais que vous pouvez le faire!

Vous pouvez lire ce livre petit à petit ou en une seule fois. Vous pouvez le partager avec un adulte ou le garder pour vous. Lorsque vous aurez terminé ce livre, vous serez en mesure d'apprendre aux autres enfants, et même aux adultes autour de vous, tout ce que vous savez sur le stress et comment le gérer - vous deviendrez un expert en la matière !
Même si le fait de se sentir stressé peut parfois vous faire vous sentir seul, il est vraiment important que vous sachiez que vous n'êtes certainement pas seul. J'espère qu'apprendre à surmonter votre stress vous aidera à vous sentir plus confiant et plus heureux!

Lettre aux grands lecteurs

Chers grands,

Durant plusieurs années de pratique directe avec des enfants et des adolescents, j'ai vu le niveau de stress augmenter chez les jeunes enfants. Au début de ma carrière, les plus jeunes enfants qui entraient dans mon cabinet avaient besoin de conseils ou d'un soutien en matière d'habiletés sociales en raison d'une condition liée à l'intégration sensorielle ou d'un autre facteur environnemental (perte, divorce, difficultés scolaires, troubles du sommeil, etc...). Aujourd'hui, des enfants dès l'âge de cinq ans demandent mon aide pour gérer les sentiments de stress et d'anxiété qui les submergent au quotidien. Beaucoup de choses ont changé pour les jeunes enfants au cours de ces dernières années et je trouve que les enfants et leurs parents ont plus que jamais besoin de soutien et de stratégies spécifiques pour combattre le stress.

La question la plus fréquemment posée par les parents en ce moment est "Comment apprendre à mon enfant à gérer le stress et les difficultés ?".

Je remarque que les enfants se spécialisent dans un sport ou une autre activité extrascolaire au début de l'école primaire, l'écart des attentes (l'écart entre ce dont les parents pensent que les enfants sont capables et ce à quoi ils sont réellement préparés sur le plan du développement) semble s'accroître à un rythme soutenu.
Ce rythme effreiné contribue à augmenter le stress. Mais même quand je travaille avec les parents pour aider à combler cet écart à la maison, les enfants grandissent dans un monde qui fonctionne sur le stress. De l'intimidation (même dès la maternelle) à la pression des pairs, en passant par les catastrophes naturelles et plus récemment le stress de la COVID-19 dont nous avons tous fait les frais: les enfants d'aujourd'hui sont confrontés à des obstacles qui peuvent paraître insurmontables.

Comment pouvons-nous résoudre tous ces problèmes?
En apprenant aux enfants à accueillir des émotions inconfortables et gérer le stress au fur et à mesure qu'il survient.

C'est là qu'intervient "Le livre anti-stress pour les enfants".
À l'aide d'activités et de paroles que j'ai moi-même testées au cours de multiples séances en cabinet, ce livre aidera les enfants âgés de quatre à onze ans à apprendre à surmonter leurs facteurs de stress et à faire face aux émotions négatives.

Il est conçu pour offrir une myriade de solutions, car nous savons que tous les enfants sont différents et ont besoin de stratégies qui fonctionnent pour eux. Le cahier d'exercices "Anti-stress pour les enfants" est l'outil parfait pour les parents, ainsi que les enseignants, les thérapeutes et tout autre professionnel travaillant. avec de jeunes enfants.

Les exercices sont faciles à mettre en œuvre et efficaces, offrant un soulagement rapide aux enfants stressés.

J'espère que ce livre vous permettra de mieux aider tous les enfants jalonnant de votre vie.

Bien que nous ne soyons pas tous dans le même bateau jour après jour, nous pouvons faire du rafting ensemble pour nous entraider à rester à flot dans les moments difficiles.

Considérez cet ouvrage comme un gilet de sauvetage de moi à vous. Un petit dispositif de secours pour vous aider à rester à flots par mer orageuse:-)

Bonne lecture et bonnes découvertes ensemble!

Qui suis-je?

Un portrait de toi!

Ici c'est moi

Je m'appelle _____

J'ai _____ ans

J'habite _____

Mes favoris

Plat _____

Couleur _____

Talent _____

Sport _____

Animal _____

Saison _____

Quatre mots qui me décrivent

1. _____
2. _____
3. _____
4. _____

Choses fun à mon sujet

COMPRENDRE LE STRESS

Comment savoir si j'ai besoin de ce livre ?

Tu apprends beaucoup de choses différentes à l'école, et il y a de fortes chances que tu aies une matière préférée, mais un domaine que les écoles n'ont pas beaucoup de temps à enseigner en ce moment est la gestion du stress.

Voici le problème : même si tu ne te sens pas super stressé(e) en ce moment, un livre comme celui-ci peut t'aider à **apprendre à faire face** afin que la prochaine fois que tu te sentiras stressé(e), tu saches quoi faire.

L'expression "faire face" n'est qu'une autre façon de dire que tu peux certaines fois traverser une période difficile - et les compétences d'adaptation que tu découvriras ici t'aideront exactement à faire cela !

Chaque enfant connaît le stress: à l'école, à la maison, lors de nouvelles choses, lors d'une activité extrascolaire.

Les obstacles qui nous stressent parfois peuvent aussi nous aider à apprendre comment traverser des moments difficiles. C'est donc toujours un bon moment d'avoir un livre comme celui-ci à portée de main.

Qu'est-ce que le stress et comment savoir si c'est ce que je ressens?

Première chose à savoir: tout les stress ressentis ne sont pas mauvais. Et oui, c'est vrai!

Il existe aussi le **bon stress**, et c'est le genre de stress qui aide les enfants à relever des défis, à surmonter des conflits et à aller au-delà des problèmes.

Mais quand d'autres enfants (ou adultes !) disent qu'ils se sentent stressés, ils ne parlent généralement pas de bon stress...

Cela aide à mieux comprendre comment les gens vivent le stress pour que tu puisses apprendre à l'accueillir et à le gérer.

Voici les trois types de stress que vous pourriez rencontrer au cours d'une journée :

Le bon stress : Cela se produit lorsque tu rencontres une situation qui peut sembler effrayante, mais que tu as confiance en ta capacité à la gérer. Un bon stress nous rend plus forts parce que nous pouvons bous souvenir de la situation dans le futur et voir comment nous l'avons surmontée avec succès.

Le stress tolérable : Ce type de stress survient lorsque tu vis quelque chose qui te semble effrayant ou menaçant, mais tu es capable de reconnaître que tu as déjà géré quelque chose comme ça auparavant afin de pouvoir t'en sortir. Un stress tolérable nous rappelle que nous pouvons surmonter des défis, même si cela semble difficile à faire sur le moment. Cela renforce encore plus notre confiance lorsque nous travaillons sur le facteur de stress avec des outils efficaces.

Le mauvais stress : cela se produit lorsque nous nous trouvons dans une situation menaçante ou effrayante qui semble persister et que nous ne savons pas comment y faire face. Les enfants ont tendance à se figer lorsqu'ils rencontrent ce genre de stress. Tu peux te sentir impuissant(e) sur le moment, et cela peut beaucoup affecter ta confiance en toi.

Quelques exemples

Le bon stress

Tu fais du vélo sur une colline et tu accélères parfois beaucoup lorsque tu remarques un groupe de jeunes enfants croisant ton chemin au loin. Tu es brusquement surpris(e)! Tu sais qu'ils ne te voient pas arriver et ton cerveau te signale de faire quelque chose pour éviter d'entrer en collision avec eux. Tu ralentis ta course et effectues un virage prudent vers la gauche ou la droite pour t'arrêter avant d'atteindre les enfants.

Ce qui se passe pendant cet épisode, c'est que ton cerveau passe en <u>mode survie</u>. Il envoie un signal à différentes parties de votre corps pour t'aider à résoudre le problème, et tu parviens donc à éviter un accident. Si tu sens ton cœur battre la chamade lors d'un incident comme celui-ci, c'est parce que ton cerveau demande à ton cœur de pomper plus de sang vers tes jambes pour ralentir ta course. Il te demande également de stabiliser ta respiration et d'utiliser ta vision pour évaluer la situation.
Les cerveaux savent quoi faire quand un bon stress survient !

Le stress tolérable

Tu te promènes avec ton frère par une belle journée ensoleillée. Tu décides de t'éloigner un peu plus loin que d'habitude parce qu'il fait très beau et tu veux profiter à fond de la journée. Soudain, une tempête approche. Il commence à pleuvoir, alors tu fais demi-tour et tu te diriges vers ta maison. Tant pis, la ballade s'écourte... Ensuite, tu remarques des nuages très sombres dans le ciel et tu entends le tonnerre au loin. Vous as de plus en plus peur parce que tu es encore assez loin de chez toi, que la pluie tombe et que tu t'inquiètes pour ton frère qui ne t'as pas suivi(e)!

Tu te sens probablement plus stressé(e) dans cet exemple car il s'agit d'un niveau de danger plus élevé, mais ton cerveau sait quoi faire.

Tu te souviens que tu as déjà vécu des situations comme celle-ci et que tu sais y faire face.

Tu accélères le pas et défies ton frère à une course afin de pouvoir rentrer plus rapidement à la maison. Tu sens ton cœur battre la chamade alors qu'il pompe le sang vers tes jambes, et tu te rappelles de prendre de grandes respirations pendant que tu cours vers la maison te mettre à l'abri!

Le mauvais stress

Que se passerait-il si, pendant que tu cours vers ta maison dans le scénario précédent, tu tu voyais des éclairs fendre les nuages sombres et entendais le tonnerre gronder au-dessus de toi ?

Tu aurais probablement très peur si cela se produisait et tu ne saurais peut-être pas quoi faire! Continuer à courir? De mettre à couvert sous un arbre pluie battante? Que faire si ton frère se met à pleurer ou commence à paniquer ? Comment peux-tu aider lorsque tu te sens toi-même "gelé" par la peur ?

C'est là un exemple de mauvais stress, qui est physiquement et émotionnellement très épuisant. Cela peut amener ton cerveau à ne penser qu'aux résultats négatifs ou mauvais, et il peut être alors très difficile de prendre des décisions.

Ce type de stress peut affecter n'importe qui, et il n'est pas nécessaire que ce soit un événement super effrayant comme se faire surprendre dans une tempête dangereuse. Tu pourrais aussi ressentir cela lorsque tu te disputes avec un ami ou lorsque ton travail scolaire te semble trop difficile.

La bonne nouvelle est que tu peux apprendre à gérer ces sentiments et t'habituer à prendre le contrôle dans des situations stressantes.

Toutes les descriptions précédentes du stress étaient des exemples de stress situationnel. Cela signifie qu'il y a un événement ou un problème particuliers qui amène ton cerveau à passer en mode "<u>combat ou fuite</u>".

Ton cerveau fait cela parce qu'il travaille toujours dur pour te protéger, même lorsque vous avez peur !

Sur la page suivante, tu verras ce que cette réponse de combat ou de fuite implique.

COMBATTRE OU S'ENFUIR?

Lorsque ton corps détecte une menace ou un danger, il active ce que l'on appelle *la réponse au stress* ou la *réponse de combat ou de fuite*. Cette réponse te prépare à affronter le danger de front (c'est le combat) ou à fuir s'il te fait trop peur (c'est la fuite).

Lorsque cela se produit, ton cerveau envoie une alerte à ton système nerveux, ce qui provoque un tas de réactions physiques dans ton corps. Par exemple, ton cœur pourrait commencer à s'emballer et tu pourrais commencer à respirer très vite. Ces réactions sont destinées à t'aider à rester en sécurité et à comprendre comment réagir à la menace !

LE COMBAT
Défendre ton territoire
Te défendre
Attaquer le problème
Ne pas abandonner

LA FUITE
Battre en retraite
S'en aller
Fuir à toutes jambes
S'éloigner de la menace

Parfois, tu peux lutter contre la menace et la surmonter, mais d'autres fois, la meilleure chose à faire est de vous éloigner de la source de ce stress et d'obtenir de l'aide. On ne s'attend pas à ce que tu gères chaque situation stressante par toi-même. Personne ne peut faire ça !

 Peux-tu penser à un moment où tu as vécu un combat ou une fuite ? Écris ou dessine à ce sujet ici.

Déclencheurs du stress et symptômes

Bien que certains stress proviennent de certaines situations, il y aura aussi des moments où tu ressentiras un stress continu et vous ne seras pas vraiment sûr(e) de son origine.

C'est courant chez les enfants de ton âge (et même chez les adultes aussi!), et il y a beaucoup de choses qui peuvent déclencher du stress.

Les déclencheurs sont des choses qui appuient sur tes boutons de stress. Cela peut se produire lorsqu'un tas de petits événements s'additionnent au fil du temps, ou il peut s'agir de la même circonstance qui se reproduit encore et encore.

Il y a deux éléments qui t'aideront à savoir quand tu te sens stressé(e) : tes <u>déclencheurs</u> et tes <u>symptômes</u>.

Dans le tableau qui suit, tu trouveras une liste de déclencheurs de stress courants pour les enfants de ton âge. Colorie tout ce qui s'applique à toi.

J'ai également laissé quelques cases vides au cas où tu aurais besoin d'ajouter les tiens.

N'oublie pas : tout le monde est différent et nous avons tous nos propres déclencheurs ! Lorsque tu connaîtras les tiens, vous pourrez comprendre comment les gérer.

Amitiés	Ecole	Grands changements	Problèmes familiaux
Maladie	Anxiété de séparation	Nouvelles du monde	Stress des contrôles
Planning chargé	Intimidation	Temps d'écran	Nouveau petit frère ou soeur
Puberté	Manque de sommeil	Solitude	………………
………………	………………	………………	………………

En tant qu'enfant, tu es souvent occupé(e) par l'école et d'autres activités, ce qui rend difficile de prendre le temps de s'asseoir tranquillement et de réfléchir à ce qui te stresse, mais il est vraiment important de trouver ce temps.

Même s'il n'est pas confortable de penser à ce qui te stresse, cela t'aide à apprendre des informations importantes sur toi-même. Lorsque tu possèdes ces informations, tu peux élaborer un plan pour faire face à ces déclencheurs.

Les symptômes du stress sont différents d'un enfant à l'autre. Si ton ami te dit que le stress lui cause des maux de tête, mais que toi, tu n'en as jamais, cela ne signifie pas que tu ne t'es jamais senti stressé(e). Cela signifie simplement que tes symptômes pourraient être différents.

Voici quelques symptômes courants de stress que les enfants de ton âge ressentent. Coche ce que tu as déjà vécu.

Et si tu ne vois pas tes symptômes dans la liste, n'hésite pas à en ajouter à la fin ! Si tu ne présentes vraiment aucun symptôme de stress, tant mieux pour toi !

Ce livre t'aidera toujours à trouver des stratégies à utiliser au cas où tu en aurais besoin à l'avenir.

- ☐ Maux de tête
- ☐ Maux d'estomac
- ☐ Douleurs musculaires
- ☐ Troubles du sommeil
- ☐ Irritabilité (cela signifie que tu te sens super grincheux(se)
- ☐ Cauchemars
- ☐ Changements dans les habitudes alimentaires (par exemple, ne pas avoir faim très souvent)
- ☐ Ne pas vouloir participer à tes activités habituelles (école, sports, autres)
- ☐ Problème de concentration
- ☐ Ne pas vouloir être avec tes amis
- ☐ Pleurer ou se sentir très triste mais sans savoir pourquoi
- ☐ _____
- ☐ _____
- ☐ _____

Mettons-nous au travail!

Maintenant que tu connais tes **déclencheurs** et tes **symptômes**, il est temps de mettre ce livre au travail!

Tu peux le lire dans l'ordre ou aller au chapitre que tu préfères. Chaque section se concentre sur un sujet différent qui t'aidera à développer tes **capacités d'adaptation** et à te sentir plus heureux(se). Tu remarqueras peut-être que certaines stratégies et idées fonctionnent mieux que d'autres. C'est OK!

Ce livre est conçu pour aider tous les enfants, il y a donc à l'intérieur de celui-ci une multitude d'activités proposées et de **compétences à acquérir**. J'ai essayé d'offrir un peu de tout pour aider le plus d'enfants possible.

Cependant, il est important d'essayer chaque stratégie plusieurs fois avant de passer à autre chose. Il n'y a pas de solution instantanée lorsqu'il s'agit de faire face au stress.

Tu dois développer tes muscles d'adaptation, et la seule façon d'y parvenir est **de t'entraîner** ! Leur donner le temps de devenir forts. Je sais que nous vivons dans un monde en évolution rapide en ce moment, mais prendre ses moments pour toi t'aidera à apprendre à gérer les plus grands sentiments.

Bon voyage!

CONNAÎTRE LES ÉMOTIONS

Une vie pétrie d'émotions

Tu dois certainement connaître tes sentiments de base, tels que la **joie**, la **tristesse**, la **colère** et la **peur**.

Il est naturel que les enfants de tous âges ressentent des émotions qui changent tout au long de la journée.

Bien que ces émotions de base soient un point de départ solide, il est vraiment important de créer une pluralité d'émotions. Ce n'est qu'un mot fantaisiste qui signifie que tu peux comprendre un large éventail (beaucoup !) d'émotions et reconnaître qu'il y a des sentiments dans les sentiments.

Cela semble incompréhensible, je sais.

Prenons un sentiment comme la colère. Qu'est-ce que cela signifie vraiment quand tu dis que tu te sens en colère ? Est-ce que tu es vraiment en colère contre quelque chose d'injuste qui s'est passé, ou y a-t-il plus dans cette histoire ? Cela pourrait signifier que tu te sens exclu(e), jaloux(se), frustré(e), ennuyé(e), impatient(e) ou irrité(e), pour ne citer que quelques émotions!

La colère peut représenter tout un tas de sentiments mélangés dans une sorte de soupe de sentiments !

La soupe des émotions

Faisons une recette de soupe de sentiments.
Choisis un sentiment, n'importe lequel.
Moi, je choisirai... "heureuse".
Je souhaite par exemple préparer une soupe pleine de joie.
La première chose que je dois faire est de réfléchir aux autres sentiments qui ressemblent à la joie. Par exemple, parfois, quand je me sens vraiment fière de moi ou de quelqu'un d'autre, je remarque que je souris beaucoup. Quand je suis d'humeur rigolote ou enjouée, je me sens aussi très heureuse. Pour faire le lien entre les sentiments que je ressens, j'aime fermer les yeux et imaginer toutes les personnes et les choses qui m'aident habituellement à me sentir heureuse et les dire à haute voix. Une fois que j'ai fait cela, je peux penser à toutes les émotions qui vont de pair avec ces sentiments.

Pour mon bol touchaud de soupe joyeuse, mes ingrédients du bonheur incluent le sentiment d'être aimé, rigolote, excitée, fière, attentionné et la joie.

- ✓ Doses d'amour
- ✓ Humour à gogo!
- ✓ Soupçon d'excitation
- ✓ Fierté illimitée
- ✓ Graines d'empathie

A ton tour! Complète l'arôme que tu as choisi pour ta soupe et ajoutez tes ingrédients dans le bol. Mélange-le tout et vois combien de sentiments sont liés à d'autres sentiments !

Ma soupe des émotions

Arôme: _____

Lorsque tu peux nommer tes sentiments et les partager avec les autres, tu peux demander de l'aide lorsque tu en as besoin ou utiliser des stratégies d'adaptation pour t'aider à gérer ce sentiment. Développer ta palette émotionnelle est une première étape importante dans l'apprentissage de la gestion du stress.

Passons maintenant un peu plus de temps à trouver différentes façons d'accueillir et de comprendre les émotions.

Le tableau des émotions

Parfois, il est difficile de décrire ce que l'on ressent. C'est normal et c'est OK. Tout le monde passe souvent par là.

Avoir un **tableau de suivi de ses émotions** avec une liste de mots (ou comprenant les visages des sentiments) peut t'aider à identifier comment tu te sens.

L'illustration qui suis montre quelques émotions vécues par les enfants, mais tu pourras en ajouter autant que tu le souhaites à ton propre tableau! Plus il y en a, mieux c'est !

Voici quelques façons de créer ton propre tableau de suivi des émotions :

- Procure-toi un grand panneau d'affichage ou une grande feuille de papier et dessine tes propres sentiments selon comment tu les imagines.
- Prends des photos de toi faisant différents visages d'émotions, imprime-les, coupe-les et colle-les sur le tableau.
- Imprime des émoticônes ou des personnages de dessins animés préférés faisant des grimaces, puis coupe-les et colle-les sur ton tableau.

Tu peux utiliser des post-it pour montrer et partager tes sentiments, créer ton tableau avec des photos de chaque membre de la famille pour que chacun puisse aussi montrer ses émotions qui changent!

Essaie de le faire au moins deux fois par jour et passe du temps à parler de tes sentiments et de ceux des autres ainsi que des raisons pour lesquelles ils se sentent ainsi.

Lorsque les familles font cela ensemble, il est beaucoup plus facile d'exprimer ses sentiments.

Sentiments, pensées et besoins

Trois choses qui sont toujours liées sont **tes sentiments**, **tes pensées** et **tes besoins**. Lorsque tu ressens une émotion (qu'elle soit positive ou négative), cela affecte ta façon de penser. Ainsi par exemple, si tu ressens de la colère, tu pourrais commencer à penser que rien ne va plus pour toi. Afin de faire face à ce sentiment, tu dois déterminer ce dont tu as réellement besoin pour traverser la situation.

L'utilisation d'un inventaire des sentiments, des pensées et des besoins te donne la possibilité de décomposer ces trois éléments en parties plus faciles à gérer afin que tu puisses décider ce que tu dois faire pour y faire face.

Entraînons-nous en regardant l'exemple suivant:

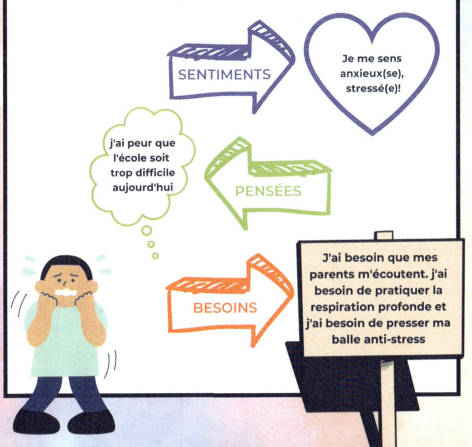

Tu peux voir sur l'exemple précédent que cet enfant se sent anxieux. Cette anxiété lui donne l'impression que l'école est trop difficile et que ce n'est pas une bonne journée pour aller à l'école.

Cet enfant a besoin d'un parent qui peut écouter et comprendre sa situation, il doit pratiquer la respiration profonde et il a besoin d'une balle anti-stress à apporter à l'école pour l'aider à faire face à ses soucis.

À TON TOUR!

Prends le temps d'identifier tes sentiments, pensées et besoin lorsque tu rencontres un moment anxieux:

Événement	Emotions et sentiments	Pensées	Besoins

DÉMASQUER LES ÉMOTIONS

As-tu déjà remarqué que le sentiment que tu montres à l'extérieur peut ne pas correspondre à l'émotion présente à l'intérieur de toi ?

Cela peut se produire lorsque la frustration déborde, mais que tu te rends compte qu'à l'intérieur de toi, ue te sens vraiment triste. Ou tu pourrais montrer de la tristesse à l'extérieur, alors qu'en réalité, tu te sens seul(e).

Les émotions peuvent porter des masques, et souvent, enlever le masque pour voir ce qu'il y a derrière nous aide à savoir à quoi nous avons vraiment affaire.

Pense à un moment où tu as montré une émotion à l'extérieur mais où tu as ressenti quelque chose d'autre à l'intérieur de toi.

Sur la page suivante, remplis les masques pour montrer tes différents sentiments. Dessines-y l'expression de l'humeur (yeux, bouche). Colorie tes masques pour qu'ils dévoilent tes vrais sentiments intérieurs, puis écris ce qui t'a poussé à ressentir cela.

DÉMASQUE TES ÉMOTIONS!

Sentiment extérieur

Sentiment intérieur

Sentiment extérieur

Sentiment intérieur

Je pense que j'ai ressenti ça parce que...
_____
_____

Je pense que j'ai ressenti ça parce que...
_____
_____

Sentiment extérieur

Sentiment intérieur

Sentiment extérieur

Sentiment intérieur

Je pense que j'ai ressenti ça parce que...
_____
_____

Je pense que j'ai ressenti ça parce que...
_____
_____

COLORE TA JOURNÉE

Les enfants sont très occupés tout au long de la journée, et la plupart d'entre eux ressentent tout un tas d'émotions, positives et négatives, tout au long de celle-ci.
Ainsi, lorsque les adultes posent des questions sur leurs sentiments, il peut être difficile de les exprimer.
Au lieu d'essayer de penser à ce que tu as ressenti à un moment donné, il peut être utile de réfléchir à ce que tu as ressenti tout au long de la journée. Il peut également être utile de diviser votre journée en plusieurs parties afin de te souvenir de ce que tu as vécu à certains moments.
Par exemple, tu pourrais penser à ce que tu éprouvais avant l'école, à ce que vous discernait avant le déjeuner, à ce que vous ressentais après le déjeuner et dans l'après-midi, à ce que vous ressentais une fois rentré(e) à la maison et enfin avant de te coucher. En fait, l'heure du coucher est un très bon moment pour faire cette activité car elle t'aide à exprimer tes émotions et le coloriage est un excellent anti-stress.

Pense à ta journée d'aujourd'hui. Je parie que tu as ressenti beaucoup d'émotions différentes . Avant de faire quoi que ce soit d'autre, attribue des couleurs à tes sentiments. Tu pourrais choisir que le rouge est la meilleure couleur pour la frustration ou la colère, par exemple. C'est toi qui décides. Utilise les trackers à émotions sur la page d'activité suivante pour garder une trace des couleurs que tu souhaites faire correspondre à chaque émotion. Maintenant, colore ta journée ! Dans quelle mesure a-t-elle consisté à te faire ressentir du calme ? Colorie cette partie de ta couleur du calme sur la page suivante. Que dirais-tu au sujet de la tristesse? Ajoute également cette couleur. Continuez jusqu'à ce que votre journée soit pleine de couleurs.

Une journée en couleurs

MOIS DE: _____

LA COULEUR DE MES ÉMOTIONS

MES ÉMOTIONS

Mois de _____

1	2	3	4	5	6
7	8	9	10	11	12
13	14	15	16	17	18
19	20	21	22	23	24
25	26	27	28	29	30
31					

Légende de couleurs:

en colère   triste   heureux(se)   stressé(e)   fatigué(e)   ....

Maintenant, après avoir colorié la case correspondant au ressenti de ta journée, parles-en avec un adulte.

- De quelle couleurs t'es-tu le plus servi?
- Qu'est-ce qui a déclenché des sentiments différents?
- Si tu as eu des sentiments désagréables, as-tu fait quelque chose pour te sentir mieux ?
- Si vous aviez des sentiments positifs, avez-vous fait quelque chose pour continuer à vous sentir bien ?
- Que pourrais-tu faire demain pour résoudre un problème identique ou surmonter une même émotion?

LE NUAGE D'ÉMOTIONS

Si vous voulez construire ta palette émotionnelle - ce qui implique de comprendre les sentiments derrière les émotions - tu dois apprendre autant de mots d'émotions que possible. Les émotions peuvent être positives ou négatives, et parfois on pourrait même dire que certains sont un peu des deux !

Voici quelques mots qui décrivent des émotions positives. Colorie ceux que tu as déjà ressentis.

Nuage des sentiments positifs

- Heureux(se)
- Fier(e)
- Optimiste
- Respecté(e)
- Fort(e)
- Paisible
- Amusé(e)
- Sensible
- Espiègle
- Serein(e)
- Joyeux(se)
- Joyeux(se)
- Encouragé(e)
- Apaisé(e)
- Calme

Y a-t-il d'autres adjectifs que tu peux ajouter à ce grand nuage ?

Découvrons maintenant les mots de sentiments qui décrivent quelques émotions négatives.
Tu dois en connaître certains et sache que ce n'est pas grave si tu te sens comme ça parfois. Tout le monde connait ces sensations. Personne n'est positif tout le temps!
Colorie les émotions que tu as déjà ressenties.

Nuage de sentiments négatifs

Fâché(e)
Fier(e)
Craintif(ve)
Agité(e)
Indécis(e)   Furieux(se)
Méfiant(e)   Boudeur(se)
Inquiet(e)   Peiné(e)   Jaloux(se)
Effrayé(e)   Blessé(e)

Y a-t-il d'autres mots que tu peux ajouter à ce grand nuage?

NOMME TES SENTIMENTS!

Maintenant que tu as ajouté de nouveaux mots d'émotions à ton vocabulaire émotionnel, essayons de comprendre quand tu les ressens.

Ferme les yeux et prends quelques respirations lentes et profondes pour vider ton esprit. Lorsque tu ouvres les yeux, lis la première phrase du petit texte ci-dessous et ajoute la réponse qui te vient à l'esprit. Fais de même avec les autres phrases qui suivent.

Quand je me réveille le matin, je me sens _____.
Quand je dois me dépêcher pour aller à l'école, je me sens _____.
Quand j'ai plus de temps avant d'aller à l'école, je me sens _____.
Quand j'ai un contrôle à l'école, je me sens _____.
Quand j'oublie de faire mes devoirs, je me sens _____.
Quand je fais une erreur, je me sens _____.
Quand j'aide quelqu'un d'autre, je me sens _____.
Quand je joue avec mes amis, je me sens _____.
Quand je suis laissé de côté, je me sens _____.
Quand je ne peux pas m'endormir, je me sens _____.

Ajoutes-en quelques-uns ci-dessous :

Quand je _____, je me sens _____.
Quand je _____, je me sens _____.
Quand je _____, je me sens _____.
Quand je _____, je me sens _____.

Si tu n'aimes pas écrire,
tu peux plutôt faire cette activité à haute voix.

Mr LE STRESS

Lorsque tu donnes un nom à ton stress et que tu dessines une image de ce à quoi il ressemble, il est plus facile de lui répondre et de surmonter tes émotions inconfortables. Je sais que cela peut semble un peu idiot, mais ça marche vraiment.

Dans le carré ci-dessous, dessine une image de ce à quoi ressemble ta voix du stress. C'est la voix à l'intérieur de ta tête qui te remplit de différentes pensées d'inquiétude.

Habille-le et donne-lui une personnalité ! Une fois que tu auras fini de le concevoir, donne-lui un nom. Apprends à le connaître. Tu peux ajouter des bulles de pensée pour montrer certaines des phrases de stress qui te traversent souvent l'esprit.

Maintenant que tu sais à quoi ressemble ton stress, lorsque tu entends des pensées de stress envahir ton esprit, imagine voir ton stress et lui répondre.

Tu peux te dire :
"C'est juste mon inquiétude qui parle. Je peux gérer ça. Tu ne peux pas me faire m'inquiéter toute la journée !"

THERMOMÈTRE DES SENTIMENTS

Tous les sentiments ont des niveaux d'intensité différents.

Tu pourrais te sentir un peu heureux ou vraiment excité quand quelque chose va dans ton sens.

Tu pourrais être légèrement inquiet(e) à propos de quelque chose ou vraiment, vraiment très stressé(e).

Utilise l'image de la page suivante pour mesurer où tu en es sur le thermomètre des sentiments, ce qui pourra te permettre de déterminer si tu peux te débrouiller seul ou si vous as besoin d'une aide.

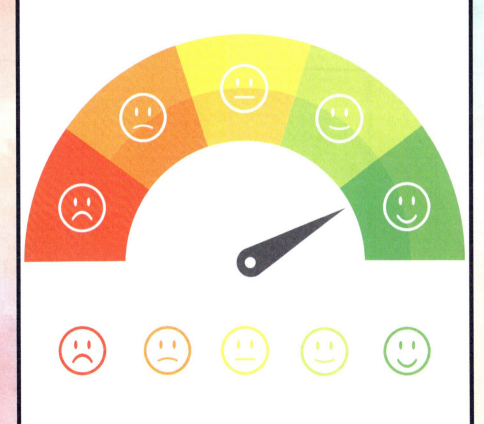

LE THERMOMÈTRE DES EMOTIONS

Où en es-tu actuellement sur ton thermomètre des émotions ?

J'ai besoin d'aide

....

Je peux utiliser mes capacités d'adaptation pour traverser ça

....

Je sens ma température du stress monter et je réfléchis à quoi faire...

....

Je vais bien, je peux gérer !

LES POINTS DE STRESS PHYSIQUE

Dans l'introduction, j'ai parlé des différentes façons dont le stress peut te toucher et à quoi peuvent ressembler les symptômes du stress. Beaucoup d'enfants ont des symptômes physiques de stress. Cela se produit lorsque tu ressens de grandes émotions et que ton corps envoie alors une alerte pour que tu fasses quelque chose à propos de ces dernières. Tu pourrais avoir des maux de ventre, des maux de tête ou des muscles endoloris. Tu pourrais te sentir étourdi ou avoir un rythme cardiaque rapide. Ces symptômes physiques représentent tous différentes façons dont les émotions peuvent être stockées dans ton corps. Lorsque tu reconnais vos symptômes, tu peux mieux réussir à y faire face.
Essaye de faire le lien entre le stress et tes réactions physiques.

Où ressens-tu du stress dans ton corps ? Colorie l'image de la page suivante pour montrer tes points de stress physique.

POINTS DE STRESS PHYSIQUE

Où ressens-tu du stress dans ton corps?

Quand as-tu ressenti cela pour la dernière fois
_____

Qu'est-ce qui t'a aidé à te sentir mieux?
_____

CRÉER UN JOURNAL DES SENTIMENTS

Mettre tes sentiments par écrit peut t'aider à leur donner un sens. Lorsque tu personnalises un journal des émotions, cela signifie que tu te l'appropries. Il devient ton compagnon spécial pour surmonter les hauts et les bas de chaque jour.

Je l'ai déjà mentionné, mais cela vaut la peine d'y revenir : tu n'as pas besoin d'aimer écrire pour utiliser un outil comme celui-ci.

Voici d'autres façons d'utiliser un journal que tu pourrais apprécier :
- Fais un collage pour exprimer tes sentiments en coupant et en collant des images directement dans ton journal.
- Griffonne ou dessine tes sentiments.
- Reste simple : écris environ une chose en haut, une en bas et une chose amusante chaque jour.
- Colorie chaque jour ton tracker des émotions.

La meilleure partie est que tu peux revoir votre journal chaque fois que tu en as besoin. Cela aide de savoir que tu as traversé des jours difficiles auparavant et que tu peux réussir à l'affronter avec succès à nouveau.

DÉVELOPPER LA TOLÉRANCE AU STRESS

S'ÉCOUTER POUR MIEUX AGIR

Tout le monde doit apprendre à gérer les émotions moins amusantes, comme la tristesse, la colère et le stress.

Tous les enfants, adolescents et adultes ressentent chaque jour des émotions positives et négatives. Les émotions positives sont amusantes et font du bien, mais les émotions négatives peuvent parfois vite être très désagréables.

Apprendre à faire face à ces sentiments s'appelle **développer une tolérance à la détresse**.

Il est très important de se rappeler que les émotions sont généralement des réponses temporaires à certaines épreuves.

Lorsque tu te sens vraiment stressé(e), essaye de te rappeler que cela ne durera pas éternellement. Tu te sentiras à nouveau calme. Lorsque tu apprendras à gérer ces émotions négatives agaçantes, tu ne te sentiras plus aussi submergé(e) par elles.

ENREGISTRER SON STRESS

Maintenant que tu en sais beaucoup sur les émotions, il est temps de te concentrer sur ton stress et ses causes.

Pour ce faire, il est utile de faire un petit bilan de stress à la fin de chaque journée. Tu peux utiliser la feuille de travail proposée ou créer la tienne.

Faire un bilan de stress quotidien t'aide à évaluer ton niveau de stress et à réfléchir à ce qui l'augmente et le diminue. Les deux notions sont tout aussi importantes. Lorsque tu sais quels types de déclencheurs te stressent, tu peux apprendre à les surmonter. Et lorsque tu comprends ce qui te rend calme et heureux pendant la journée, tu peux essayer de trouver des moyens d'augmenter ses sensations.

N'oublie pas : Vivre le stress fait partie de l'être humain. Nous le ressentons tous. Mais tu peux apprendre à gérer ton stress pour qu'il ne t'envahisse pas. Comme la plupart des autres choses que tu apprendras dans la vie, plus tu pratiques tes capacités d'adaptation, plus elles sont faciles à utiliser lorsque le stress frappe.

Tu peux faire des copies de la feuille d'enregistrement à garder à portée de main ou créer un système différent qui fonctionne pour toi. Quoi qu'il en soit, un enregistrement rapide te donne le temps et l'espace nécessaires pour réfléchir à ton stress quotidien et à la manière dont tu l'as géré.

Certains jours, tu pourrais avoir l'impression que ton stress n'était pas grave et que tu l'as bien géré, mais d'autres jours, vous pourriez te dire que ton stress était hors de contrôle.

Tu peux toujours demander de l'aide les jours difficiles. S'entraider, c'est aussi ce que les humains font de mieux !

Tracker Quotidien

L M M J V S D

Date:

À la fin de chaque journée, utilise cette feuille pour réfléchir à ce qui t'a fait te sentir stressé pendant la journée et comment tu l'as géré. Où étais-tu lorsque les signes de stress sont apparus: à la maison, à l'école, ailleurs? Que se passait-il? Comment as-tu géré cela?

RESSENTIS ET DÉCLENCHEURS

-
-
-
-
-
-

HUMEUR

Comment j'ai géré

Notes à moi-même

Idées pour demain

- Je suis optimiste
- Je suis fort(e)
- J'ai de la valeur
- Je suis spécial(e)
- Je suis confiant(e)
- Je suis courageux(se)

QUELLE EST LA TAILLE DE CE SOUCI ?

As-tu déjà remarqué que le stress peut apparaître peu importe la taille du problème?

Lorsque notre cerveau passe en mode de réponse au stress, nous avons tendance à ressentir des symptômes de stress avant même de réfléchir à la situation.

Tu pourrais entendre un adulte qualifier cela de réaction excessive. Certains adultes utilisent même le mot drame pour décrire la façon dont les enfants réagissent à des situations difficiles. Mais se sentir stressé n'est pas la même chose qu'être excessif et jusqu'à ce que tu apprennes à gérer les sentiments de stress, il est difficile d'éviter d'avoir une forte réaction.

Voici un petit secret : Il n'y a pas de réponse parfaite à une situation stressante. Tu fais vraiment de ton mieux lorsque tu rencontres ces situations.

Une chose qui peut t'aider à passer un peu plus rapidement du mode de réponse au stress au mode de résolution de problèmes est de faire une évaluation de l'intensité du problème.

Voici comment cela fonctionne:

1. Respire profondément pour libérer tout sentiment inconfortable ou bloqué dans votre corps et ralentir ta réponse au stress.
2. Dis à haute voix : « J'ai un problème. Quelle est l'ampleur de ce problème ? »
3. Utilise l'échelle de la page suivante pour évaluer l'ampleur de ton problème. (Ou tu peux simplement imaginer l'échelle dans votre esprit.)

Ce problème est-il un 5 et tu ne sais pas quoi faire ? Ou est-ce plutôt un 3, et tu pourrais peut-être le gérer toi-même ?
④ Choisis une stratégie et résous le problème.

Vous voudras peut-être ajouter tes propres stratégies à l'échelle de notation afin d'avoir des choix qui fonctionneront pour toi. C'est toujours une bonne idée de se l'approprier. A toi de jouer!

QUELLE EST LA TAILLE DE CE SOUCI ?

 1. Pas si grand. Je sais quoi faire.

 2. C'est stressant, mais je réfléchis à des solutions.

 3. Je suis stressé(e). Je peux faire ces choses pour me calmer:
Respiration profonde
_____
_____

 4. Je me sens dépassé(e). Je peux essayer ces choses :
Colorier/dessiner
Faire un peu d'exercice
_____
_____

 5. J'ai besoin de l'aide d'un adulte tout de suite.

CHASSE AUX ÉMOTIONS

Lorsque des émotions négatives (ou des sentiments "relous", comme je les appelle) entrent dans ton esprit, il peut être tentant d'essayer de les chasser comme tu le ferais avec une mouche agaçante.

Personne n'aime avoir des sentiments stressants ou désagréables. Mais plus tu les éloignes, plus ils prennent de la place dans ton esprit. Et plus les émotions sont fortes, plus elles ont du pouvoir sur toi.

Au lieu d'ignorer ces sentiments, essaye de les attraper comme des papillons! Tiens-les dans ton filet et termine ces phrases à voix haute :

"Je me sens...
Je me sens comme ça parce que...
Je me sentirai mieux quand... "

Parfois, les émotions ne sont que des choses que nous devons surmonter.

Il n'y a rien de mal à se sentir effrayé, stressé, en colère, triste ou toute autre émotion inconfortable.

Tu peux ne pas te sentir aujourd'hui et passer une bonne journée demain. C'est comme ça avec le stress. Apprendre à agir malgré l'inconfort t'aide en fait à te sentir plus fort(e) et plus confiant(e) dans ta capacité à gérer les situations stressantes.

À L'EXTÉRIEUR, À L'INTÉRIEUR

Les émotions que nous montrons au monde extérieur ne correspondent pas toujours à ce que nous ressentons à l'intérieur de nous.

Beaucoup d'enfants pensent qu'ils devraient essayer à tout prix d'être heureux et calmes à l'extérieur même s'ils se sentent très stressés à l'intérieur d'eux.

Si cela te décrit, c'est que tu n'es certainement pas seul(e) à vivre ça.

Sur la première page de cette activité que je te propose, dessine comment tu penses que tu es aux yeux des autres lorsque tu es à l'école, que tu pratiques ton sport favori ou que tu sors avec des amis.

As-tu l'air heureux, maladroit, réservé, excentrique ou autre chose ?

Ensuite, sur la deuxième page, remplis les nuages pour décrire comment tu te sens parfois à l'intérieur de toi dans ces situations. Cela peut être un mélange d'émotions positives et négatives. Remplis autant d'émotions que tu peux penser.

Lorsque tu auras terminé, réponds à ces questions :
- Pourquoi penses-tu garder certaines de ces émotions cachées ?
- Y a-t-il quelqu'un avec qui tu peux les partager ?
- Que peut-il se passer lorsque tu commences à partager tes sentiments intérieurs ?

DEHORS, DEDANS!

Les sentiments que nous montrons à l'extérieur ne correspondent pas toujours à ce que nous ressentons à l'intérieur de nous.

**De l'extérieur,
j'ai l'air de me sentir comme ça...**

TROIS TECHNIQUES DE RESPIRATION FACILES

Si tu entends des adultes parler de l'importance de la respiration profonde, c'est parce que c'est ta meilleure défense contre le stress, l'anxiété ou même la colère.

Lorsque tu respires profondément et lentement, tu peux réellement calmer ton système nerveux. (Tu te souviens peut-être d'un chapitre précédent où nous avons vu que le système nerveux est chargé de mettre ton corps en mode combat ou fuite en réponse au stress que tu ressens.) Cette technique est très efficace. La respiration profonde change toute ta réponse au stress. Le problème est que la plupart des gens ne savent pas comment le faire correctement.

Compter dans ta tête pendant que tu respires fait une grande différence!

COMMENT ÇA FONCTIONNE?

- Inspire en comptant jusqu'à quatre.
- Maintiens la position en comptant jusqu'à quatre.
- Expirez en comptant jusqu'à quatre.
- Maintiens la position en comptant jusqu'à quatre.

Répète ce processus trois fois et tu te sentiras beaucoup mieux.

Si cela te semble ennuyeux, continue à lire ce chapitre pour découvrir trois stratégies de respiration profonde qui rendent cette technique un peu plus amusante!

LA RESPIRATION AU CARRÉ

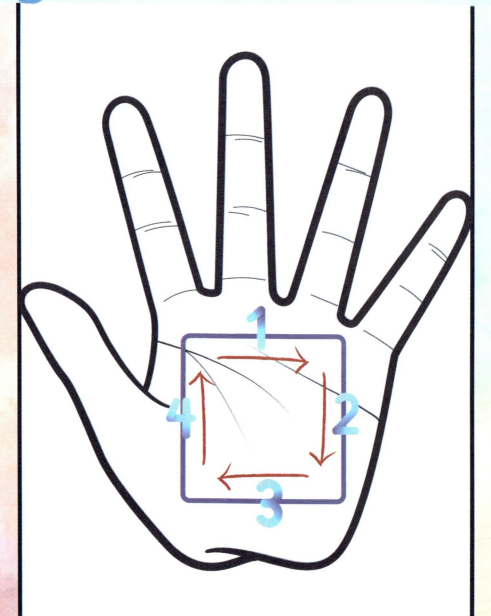

Trace un carré dans la paume de ta main pendant que tu comptes.

LE BALLON QUI S'ENVOLE

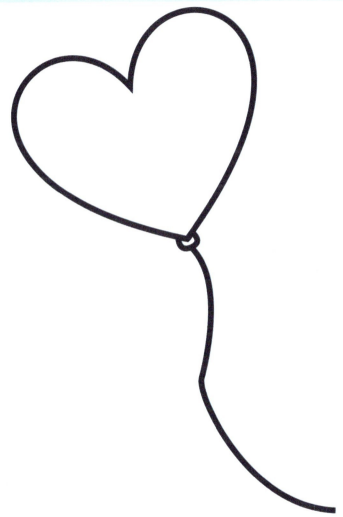

- Choisis une couleur pour ton ballon imaginaire.
- Décore le.
- Utilise la technique du comptage de la respiration pendant que tu gonfles ton ballon.
- Écris une pensée positive dessus.
- Laisse-le s'envoler vers quelqu'un que tu aimes.

L'ARC-EN-CIEL DU BIEN-ÊTRE

- Pendant que tu comptes et tout en respirant, pense à toutes les choses de couleur rouge que tu aimes et colorie la première bande de l'arc-en-ciel avec un crayon rouge.
- Ensuite, passe à la bande orange, puis jaune, verte, bleue, etc... et répète la même action.
- Continue jusqu'à ce que tu respires à travers toutes les couleur de l'arc-en-ciel !

LE 5 MAGIQUE DU RETOUR AU CALME

Maintenant que tu connais tes signaux avant-coureurs de stress et d'inquiétude, tu peux prêter attention à la façon dont ton corps se comporte dans des situations stressantes.

Lorsque tu sens tous ces signaux apparaître, c'est le bon moment d'utiliser **le 5 magique**!

Il s'agit d'une stratégie assez simple qui te rappelle de prendre des respirations profondes et apaisantes pendant que tu penses à des choses positives dans ta vie qui te font te sentir calme, apaisé, bien dans ta peau.

Ces choses positives peuvent être tout ce qui t'apporte un sentiment de joie ou un sentiment de paix. Il n'y a pas de bonnes ou de mauvaises réponses lorsque utilises le 5 magique.

Pendant que tu respires profondément avec cet exercice, n'oublie pas de compter jusqu'à quatre à chaque inspiration et expiration!

5, …4, …3…, 2…, 1 !

Prend 5 respirations profondes

Nomme 4 personnes qui tiennent à toi

Nomme 3 choses qui te font sourire

Prend 2 autres grandes respirations profondes

Partage 1 souvenir heureux

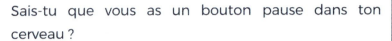

FAIRE UNE PAUSE

Sais-tu que vous as un bouton pause dans ton cerveau ?

D'accord, pas littéralement un bouton, mais tu peux mettre en pause tes pensées de stress en utilisant certaines techniques.

L'**ancrage** est un mot élégant qui signifie que tu es capable de faire face à des sentiments accablants en concentrant ton attention sur ce qui se passe autour de toi en ce moment.

Et voici la bonne nouvelle concernant les techniques de mise en pause du cerveau : tu peux les appliquer n'importe où, n'importe quand, et personne ne saura que tu t'y appliques !
Ils sont simples, efficaces et malins. Donc, si tu te sens super stressé(e) au milieu d'un cours à l'école, tu peux toi-même faire diminuer ton stress directement à ton bureau en utilisant ces techniques!

Il existe différents types d'exercices de mise en pause. Certaines techniques utilisent ton imagination pour t'aider à interrompre tes pensées de stress en te faisant te reconnecter à tes cinq sens : celui de la vue, de l'ouïe, de l'odorat, du toucher et du goût. D'autres techniques vous demandent de changer ta façon de penser ou de les concentrer sur autre chose. Il existe également des techniques plus physiques qui t'aident à prêter attention à ce qui se passe juste devant toi et à être dans le moment présent.

Toutes ces techniques t'aident à surmonter le stress et l'anxiété en calmant ton système nerveux. Essaies-en quelques-unes et vois celles qui fonctionnent pour toi!

T'ENCRER GRÂCE À TON IMAGINATION

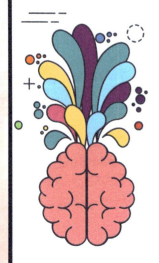

Ferme les yeux et compte tes respirations. Pendant que tu respires, imagine les choses suivantes :
- Ton endroit préféré (Que peux-tu voir, sentir, toucher et entendre ?)
- Ton plat préféré (À quoi ressemble-t-il ? Quelle émotion ressens-tu ? Quel goût et odeur imagines-tu ?)
- Ton objet fétiche qui t'apporte du réconfort (Est-il doux, pelucheux ou spongieux ? À quoi ressemble-t-il (couleur, forme, température...) et que sent-il ?)

T'ENCRER GRÂCE À TON ÉNERGIE

Ces actions physiques rapides peuvent t'aider à focaliser (ou recentrer) ton attention sur ce qui se passe en ce moment :

- Passer un glaçon à tes poignets ou à l'arrière de ton cou.
- Boire de l'eau froide.
- Frotter une pierre lisse dans ta main.
- Presser une balle anti-stress.
- Faire dix sauts avec écart (jumping jack)
- Taper dans tes mains dix fois fort et dix fois doucement.
- Frotter tes mains pendant dix secondes.
- Étirer vos bras derrière ton dos.
- Courir sur place pendant trente secondes.

T'ENCRER AVEC TES PENSÉES

Essaie ces astucess pour que ta pensée fonctionne au mieux pour toi dans les moments stressants:

- Dis ce que tu vois : Nomme cinq choses que tu peux voir autour de toi.
- Raconte ce que tu vis : que se passe-t-il en ce moment? Dis-le à voix haute.
- Fais la liste des personnes qui tiennent à toi.
- Chante une chanson qui te fait du bien.

Pot anti-stress

Remplis ce pot de toutes les belles choses et émotions dont tu as besoin pour ta journée!

SUR TON PROPRE CHEMIN

Une partie de la construction de ta tolérance à la détresse consiste à s'habituer à prendre des décisions importantes pendant les moments de stress élevé.
Ce n'est pas facile à faire.

Lorsque ton cerveau passe en mode combat ou fuite, ou lorsque tu te sens submergé par l'anxiété, il peut être difficile de prendre des décisions rapides qui t'aident à faire face.

Pour te permettre de traverser ces situations, il est utile de penser, planifier certaines stratégies à l'avance. Tu peux faire un plan à l'avance en réfléchissant aux tactiques d'adaptation qui fonctionneront dans différentes situations.

Si cette situation difficile se présente à toi à l'avenir, tu sauras déjà quel chemin choisir pour continuer à avancer!

Pour créer ce plan, regardez les deux chemins indiqués sur la feuille de travail suivante:
Un chemin est appelé "Faire face". Sur ce chemin, dresse la liste des stratégies d'adaptation que as apprises jusqu'à présent et qui, selon toi, fonctionneront pour toi.
L'autre chemin s'appelle "Route de secours". Sur ce chemin, liste toutes les personnes qui peuvent t'aider à traverser une situation difficile. Renseigne les deux chemins et reviens souvent sur cette page pour ajouter plus de compétences et de solutions d'aides à ta liste.

CHOISIS TA ROUTE!

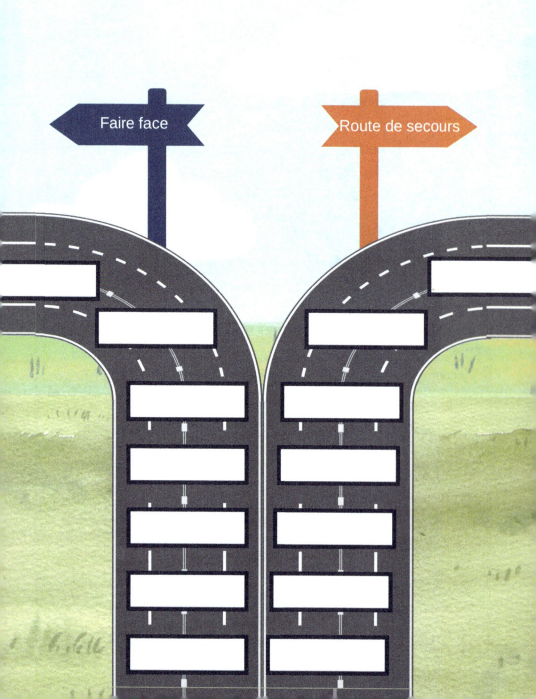

 # UTILISE TES MOTS !

Les parents disent souvent "Utilise des mots!" quand les enfants sont petits et apprennent à parler pour la première fois.

C'est une compétence qui devient de plus en plus importante pour les enfants plus âgés. En effet, lorsque tu es stressé(e), l'utilisation de mots, de phrases et même de chansons avec des mots positifs peut vous aider à vous sentir calme et en contrôle.

Entraînons-nous à utiliser des mots en créant un mantra accrocheur et en chantant votre stress.

 ## CRÉER UN MANTRA ACCROCHEUR

Les mantras sont de courtes phrases que nous pouvons nous répéter pour nous rappeler nos forces. Ceux-ci sont utiles lorsque tu ressens l'arrivée des signes de stress ou d'anxiété. Chaque fois que tu remarques que tu te sens stressé(e),
Répète ton mantra pour te rappeler que tu peux réussir à gérer ton émotion.

Utilises-en un ou crée le tien :
- Je peux faire des choses difficiles.
- Le stress est temporaire.
- Je sais que je peux gérer ça.
- _____
- _____
- _____

CHANTE TON STRESS

Cela peut sembler idiot, mais une autre façon de prendre le contrôle d'une situation stressante est de changer les paroles de ta chanson préférée afin que la chanson parle du stress que tu vis.

Cela ajoute également un peu d'humour, qui peut calmer ton corps et ton esprit lorsque tu es submergé(e).

Alors n'hésite plus et réécris tes chansons préférées pour connaître les paroles à chanter quand les choses se corsent pour toi!

ÉMOTIONS? ENVOLÉES!

Parfois, la meilleure façon de surmonter des sentiments stressants est de de les écrire et de les faire fuir.

Les émotions négatives donnent souvent l'impression qu'elles te contrôlent lorsque tu ne sais pas quoi en faire, mais en remarquant tes émotions et en les traitant au fur et à mesure qu'elles surviennent, tu prends le contrôle.

La prochaine fois que tu te sentiras envahi(e) par la détresse, crie ce que tu ressens, écris-le sur un morceau de papier, puis plie-le dans un avion en papier et envoie cette émotion négative s'envoler loin de toi!

VOLE, VOLE, ÉMOTION!

ÉTAPE 1 : écris ou dessine tes sentiments et tes déclencheurs d'émotions

Comment te sens-tu?
Qu'est-ce qui a causé ton stress?

ÉTAPE 2 : plier l'avion en papier

Créer l'avion te donne le temps de travailler sur tes sentiments

ÉTAPE 3 : répète tes émotions à voix haute et envoie l'avion en voyage

Parle de tes sentiments avec un adulte en qui tu as confiance

ÉTAPE 4 : poursuis l'avion ou crée-en un nouveau

Sache que les émotions ne disparaissent pas simplement, mais que tu peux apprendre à les gérer

RELAXATION MUSCULAIRE PROGRESSIVE

Lorsque tu te sens stressé(e), tu engranges probablement beaucoup de tension - ou une sensation d'oppression ou de pression - dans tous tes muscles. C'est vraiment très courant. Nous subissons tous cela sans même nous en rendre compte.

Tu remarqueras peut-être que tu serres les poings ou la mâchoire lorsque tu es stressé(e). Ou tu pourrais peut-être contracter les muscles de tes bras et de tes jambes. Tu pourrais même avoir des douleurs au cou, aux épaules ou au dos. Tout cela peut se produire à cause de la tension musculaire liée à l'anxiété.

La relaxation musculaire progressive (appelée aussi RMP) est une stratégie qui aide à relâcher cette tension accumulée dans tes muscles, un groupe musculaire à la fois, jusqu'à ce que tu l'éliminiez entièrement de ton corps. Lorsque tu évacues le stress, tu te sens un peu plus détendu(e).

Une grande chose à propos de cette stratégie est que tu peux l'appliquer n'importe où, même à l'école ou pendant un long trajet en voiture. Suis les étapes de la page suivante pour l'essayer !

100% RELAX !

Poings et bras!

Serre et maintiens les muscles de tes poings et de tes bras en comptant jusqu'à 4, puis relâche lentement en comptant jusqu'à 4. Répète cela plusieurs fois.

Pieds et jambes!

Serre et maintiens les muscles de tes pieds et de tes jambes en comptant jusqu'à 4, puis relâche lentement en comptant jusqu'à 4. Répète cela plusieurs fois.

Abdos!

Serre et maintiens tes muscles abdominaux en comptant jusqu'à 4, puis relâche lentement en comptant jusqu'à 4. Répète cela plusieurs fois.

Epaules et cou!

Serre et maintiens les muscles de tes épaules et de ton cou en comptant jusqu'à 4, puis relâche lentement en comptant jusqu'à 4. Répète cela plusieurs fois.

Muscles faciaux!

Serre et maintiens les muscles de ton visage en comptant jusqu'à 4, puis relâche lentement en comptant jusqu'à 4. Répète cela plusieurs fois.

BOÎTE À OUTILS ANTI-STRESS

Tout le monde a besoin d'un kit d'adaptation contre le stress. Une façon amusante de le faire est d'écrire un tas de stratégies d'adaptation différentes sur des bâtons de glace à l'eau et de les garder dans un bocal.

Lorsque tu es stressé(e) et que tu as besoin d'une stratégie, sors un bâton et essaies cette stratégie. Tu peux également les écrire sur des post-it et les conserver dans une boîte.

Peu importe où vous gardes tes idées de stratégies; cela aide simplement vraiment beaucoup de les avoir écrits.

C'est une bonne idée d'avoir différentes astuces pour palier à tout plein d'humeurs et de situations.

Parfois, tu voudras peut-être une activité calme pour t'apaiser, mais d'autres fois, vous préfèreras peut-être un exercice plus physique pour relâcher certaines tensions.

Voici quelques exemples sur la page sur la page suivante.

QUE VAS-TU METTRE DANS TON KIT ANTI-STRESS ?

Stratégies apaisantes

Écouter de la musique
Colorier, dessiner ou peindre
Tracer un motif
Utiliser de la pâte à modeler
Faire un jeu de mots croisés
Pétrir une balle antistress

Activités en solo

Tenir son journal
Lire
Écrire une histoire
Câliner un animal de compagnie
Faire une respiration profonde
Presser une balle anti-stress

Stratégies physiques

Faire dix pompes
Aller se promener ou courir
Monter sur ton vélo
Danser
S'étirer

Activités familiales ou de groupe

Jouer à un jeu de société
Cuisiner quelque chose
Lire à voix haute
Faire une course d'obstacles
Partir en balade nature

SURMONTER LES OBSTACLES

SURMONTER LES OBSTACLES

Ressentir du stress est fréquent.
À chaque âge et à chaque étape, les gens sont confrontés au stress. Lorsque les enfants sont stressés et inquiets, ils ont du mal à voir leur chemin à travers les obstacles. Le stress peut faire en sorte que même un petit problème ressemble à un énorme défi à relever qui ne peut être résolu. La bonne nouvelle est que tu peux apprendre à surmonter ton stress et aller par-delà les obstacles.

En changeant ta façon de penser, tu peux réellement changer tes résultats. Cela demandera un peu de travail de ta part. Apprendre à surmonter les obstacles, c'est croire en ta capacité à résoudre les problèmes. TU peux y arriver, mais tu dois apprendre à te faire confiance. As-tu déjà entendu un enseignant ou un adulte parler de "sortir des sentiers battus" ? C'est une manière de dire que nous devons parfois faire preuve de créativité avec nos compétences en résolution de problèmes. Nous devons prendre ce que nous savons déjà et y ajouter de nouvelles idées. Ainsi, au lieu de t'en tenir à la même façon de faire encore et encore, tu apprends à examiner le problème d'un point de vue différent et à essayer quelque chose de nouveau.

Sortir des sentiers battus aide énormément lorsqu'il s'agit de surmonter des obstacles. Souvent, les adultes donnent aux enfants les stratégies dont ils ont besoin pour faire des choses difficiles, mais lorsque tu t'habitues à résoudre tes propres problèmes, tu seras étonné(e) des bonnes idées que tu seras capable d'avoir !

ZONES DE CONTRÔLE

La première étape pour déterminer comment résoudre un problème consiste à réfléchir à ce qui est sous ton contrôle et à ce qui ne l'est pas. Ta réponse au stress pourrait essayer de te faire croire que tu n'as AUCUN contrôle sur le problème que tu vis, mais ce n'est que du stress.
Ne crois pas mordicus tout ce que ton cerveau te dit lorsque tu essaies de faire face à quelque chose de difficile.

Tu peux parler de ce qui se passe et déterminer ce qu'il faut faire en séparant ton problème en deux zones différentes : la zone de contrôle et la zone de non contrôle.

Voici comment procéder, étape par étape :
1. Tout d'abord, énonce le problème. C'est tout ce qui te dérange ou te stresse.
2. Indique ensuite ton objectif. C'est tout ce que aimerais qu'il se passe.
3. Ensuite, identifie tous les éléments qui contribuent au problème.
4. Trie toutes ces pièces dans les zones appropriées en utilisant le cercle de la feuille de travail proposée ci-après.
5. Tout ce qui se trouve dans la zone de non-contrôle ne t'aidera pas pour le moment. Laisse-les de côté.
6. Regarde maintenant les éléments que vous as placés dans la zone de contrôle. Identifie comment tu peux les utiliser pour résoudre ton problème.

Essayons un exemple avant de commencer.
Imaginez que tu te disputes avec tes amis parce que vous voulez jouer au jeu du "Loup glacé", mais qu'ils insistent pour ne pas être le loup... encore une fois.

Ils sont trois et tu es un.

Tu as l'impression qu'ils n'écoutent jamais tes idées, alors tu deviens frustré(e) et refuses de jouer. Ils te taquinent et te disent de ne pas agir comme un "bébé" avant d'aller jouer sans toi.

Ci-dessous, tu trouveras un exemple de la façon dont l'utilisation des zones peut t'aider à résoudre ce problème.

Problème : Mes amis n'écoutent pas mes idées de jeux.

Objectif : Je veux parler à mes amis de la possibilité de changer de jeu.

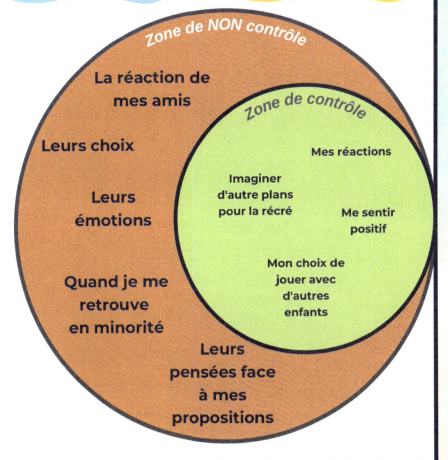

Zone de NON contrôle
- La réaction de mes amis
- Leurs choix
- Leurs émotions
- Quand je me retrouve en minorité
- Leurs pensées face à mes propositions

Zone de contrôle
- Mes réactions
- Imaginer d'autre plans pour la récré
- Me sentir positif
- Mon choix de jouer avec d'autres enfants

Solution : Je peux demander à mes amis ce qu'ils pensent de jouer à tour de rôle à quelques jeux différents pendant la récréation. Je peux aussi essayer de jouer avec un nouveau groupe d'amis pour avoir plus de choix.

TOUT EN MAÎTRISE!

PROBLÈME : _____

OBJECTIF: _____

Zone de NON contrôle

Zone de contrôle

SOLUTION: _____
_____

S'OCCUPER DE SOI AVEC BIENVEILLANCE

Beaucoup d'enfants ne savent pas quoi faire lorsqu'ils rencontrent un obstacle inattendu. Te souviens-tu lorsque nous avons parlé du mode combat ou fuite ? Lorsque tu as envie de t'enfuir et de te cacher de quelque chose de difficile, ton cerveau est en mode "roue libre". Et lorsque vous avez envie de crier ou de hurler en réponse à ces mêmes problèmes, ton cerveau est en mode combat.

Parfois, la solution à un problème est assez simple. Par exemple, si tes amis se disputent à propos du jeu auquel jouer, tu peux proposer de mettre en place un temps dédié pour jouer à tour de rôle à chaque jeu. Mais parfois, il est vraiment difficile de trouver une solution tout de suite.

On ne s'attend pas à ce que vous aies toutes les réponses tout de suite. Personne ne sais le faire!

Une chose que tu peux proposer est de faire un **remue-méninges**. Lorsque tu changes ta façon de penser de "*Je ne sais pas comment faire ça*" à "*Je me demande si l'une de ces idées vous aidera*", tu sors du mode combat ou fuite et tu reviens au mode de résolution de problèmes.

La clé d'un bon brainstorming est de se rappeler que **toutes les idées** méritent d'être prises en compte.

Notez ensemble toutes les idées qui vous viennent à l'esprit (même les plus saugrenues!). Vous pourrez évaluer si vous souhaitez ou non utiliser cette idée plus tard.

Le brainstorming peut vous aider de deux manières :
- il vous permet de vous débloquer afin que vous puissiez avancer de manière saine
- il vous aide à trouver une solution raisonnable pour surmonter l'obstacle. Le brainstorming vous aide à prendre en main la situation !

J'adore faire du remue-méninges sur un tableau blanc parce qu'il est facile d'ajouter et d'effacer des idées, mais tu peux utiliser l'encadré de la page suivante.

Suis ces étapes:

1 Note toutes les solutions possibles auxquelles tu peux penser. Demande à un ami ou à un adulte de t'aider si tu as du mal à démarrer. Parfois une idée en amène une autre.

2 Prends du recul et trie tes idées. Certaines d'entre elles se chevauchent-elles ? Regroupe-les au tableau.

3 Évalue tes idées. Pense à celles qui pourraient fonctionner et à celles qui pourraient ne pas être très utiles. Efface ou barre ceux qui ne sont pas faisables.

4 Encercle les trois premières. Choisis-en une et essaie-la!

LE REMUE-MÉNINGE

Mon défi à relever: _____

1. _____
2. _____
3. _____

Je vais d'abord essayer cette solution:
_____

Si besoin, je peux demander l'aide de :
_____

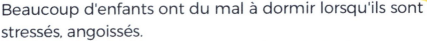

HISTOIRES RELAXANTES

Beaucoup d'enfants ont du mal à dormir lorsqu'ils sont stressés, angoissés.
En fait, les troubles du sommeil sont généralement un indice que les enfants se sentent stressés ou anxieux. Lorsque tu arrêtes enfin de bouger et de faire des choses, le stress que tu as repoussé toute la journée prend le devant de la scène. Cela peut déclencher l'insomnie, qui est une façon élégante de dire que tu ne peux pas t'endormir la nuit.

Une façon de réduire le stress la nuit consiste à utiliser le pouvoir de ton imagination pour créer une histoire relaxante qui t'aide à t'endormir.
C'est comme avoir un film apaisant dans ton esprit pendant que tu lâches prise avant de dormir. Il est préférable de créer cette histoire à l'avance, idéalement pendant un moment calme de la journée, afin que tu n'aies pas à l'inventer la nuit !

Pour créer ton histoire relaxante, ferme les yeux et imagine un environnement apaisant qui te rend heureux.
Tu peux penser à une expérience que tu as vécue ou à un endroit où tu es réellement allé, ou tu peux simplement en inventer une dans ton esprit.
Essaie d'imaginer autant de détails que possible sur cet endroit.

Que vois-tu autour de toi? Quels sons et odeurs remarques-tu ? Y a-t-il quelqu'un avec toi ? Que fais-tu dans cet endroit heureux ? Essaie d'imaginer la scène avec autant de détails que possible.

Ensuite, ouvre les yeux et utilise les cases de la page suivante pour scénariser ton film, image par image. Ajoute autant de précisions que possible à chaque case. Ce soir, lorsque vous essaieras de t'endormir, ferme les yeux et imagine chaque image de ton histoire relaxante, comme si chaque scène se jouait sur un écran de cinéma dans ton esprit.

Tu peux également faire un enregistrement audio de ton histoire relaxante afin de pouvoir la jouer chaque soir à l'heure du coucher.

N'oublie pas de décrire tous les détails et d'utiliser ta meilleure voix apaisante. Cela devient ta propre histoire de sommeil que tu peux te raconter pour t'aider à lâcher prise avant l'heure du coucher!

LE SCÉNARIO

Remplissez ta bobine de film, image par image.
N'oublie pas d'ajouter beaucoup de détails !
Lorsque tu as terminé, fais un enregistrement
à écouter avant de t'endormir!

Mots mêlés des émotions

Peux-tu retrouver tous les mots cachés?

T	E	N	D	R	E	S	S	E	V	X
P	N	E	R	V	O	S	I	T	E	J
F	A	T	I	G	U	E	M	V	H	Q
X	S	T	R	E	S	S	N	A	X	C
B	D	T	R	I	S	T	E	S	S	E
K	B	J	C	A	L	M	E	D	C	C
C	O	N	F	U	S	I	O	N	H	C
A	M	O	U	R	E	N	N	U	I	P
S	U	R	P	R	I	S	E	L	O	H
C	M	X	L	J	O	I	E	L	A	J
C	O	L	E	R	E	B	T	T	S	D

- AMOUR
- CALME
- COLERE
- CONFUSION
- ENNUI
- FATIGUE
- JOIE
- NERVOSITÉ
- STRESS
- SURPRISE
- TENDRESSE
- TRISTESSE

CECI OU CELA?

Lorsque tu as du mal à décider comment gérer une situation qui te stresse, il peut être utile de dresser deux listes d'actions que tu pourrais entreprendre :
- ta réaction instinctive (ce que tu ferais sans réfléchir)
- et tes alternatives (ce que tu peux faire à la place).

Parfois, ta réaction instinctive sera la meilleure réponse, mais à d'autres moments, tu pourrais avoir besoin d'une alternative.

Par exemple, tu peux utiliser certaines solutions à la maison, mais qui ne sont pas adaptées pour l'école.

C'est pourquoi les choix sont importants. Tu as toujours besoin de plus d'une stratégie dans ton sac.

Découvrons un exemple :

<u>Difficulté :</u> Les autres enfants parlent de plans de week-end au déjeuner, mais tu n'en fais pas partie.

CECI (TON INSTINCT)	CELA (L'ATERNATIVE)
Se lever et quitter brusquement la table	Obtenir plus d'informations
Leur reprocher de t'avoir exclu(e)	Leur dire ce que tu ressens
Rejoindre un autre groupe d'amis	Organiser un temps de jeu entre amis

Difficulté : _____

CECI
Ton instinct

- ☐ _____
- ☐ _____
- ☐ _____
- ☐ _____
- ☐ _____
- ☐ _____
- ☐ _____

CELA
L'alternative

- ☐ _____
- ☐ _____
- ☐ _____
- ☐ _____
- ☐ _____
- ☐ _____
- ☐ _____

CERVEAU INQUIET/CERVEAU CALME

Nous avons tous une partie de notre cerveau qui a des pensées calmes et une partie de notre cerveau qui a des pensées inquiétantes. C'est naturel. Et parfois, nos cerveaux inquiets sont vraiment utiles !

Ils nous rappellent de regarder deux fois avant de traverser la rue par exemple. Le problème est que le cerveau inquiet peut devenir trop actif et envahissant, ce qui rend difficile pour le cerveau calme de faire son travail.

Il est vraiment important de trouver un équilibre entre les deux.

Pour cette activité, utilise la page "Cerveau calme" pour renseigner toute sorte de mots calmes, pleins d'espoir et des pensées heureuses qui traversent ton cerveau.

Sur la page "Cerveau inquiet", renseigne toutes les pensées d'inquiétude que ton cerveau t'envoie tout au long de la journée.

Regarde maintenant les deux feuilles côte à côte. Comment ces pensées inquiètes te font-elles te sentir? Et les calmes ? Comment peux-tu utiliser tes pensées calmes pour surmonter tes soucis ? Y en a-t-il qui semblent aller ensemble?

Lorsque ton cerveau inquiet et ton cerveau calme travaillent ensemble, tu es plus capable de résoudre des problèmes et d'accueillir les émotions inconfortables.

Pour que les deux parties de votre cerveau travaillent ensemble, une astuce utile consiste à terminer cette phrase :

"Je me sens inquiet(e) en ce moment (**donne une raison ici**), mais c'est temporaire.
Je ressentirai (**dis une émotion positive ici**) quand je ferai (**dis une action qui permettra de diminuer ton inquiétude ici**)."

Exemple:

Je me sens inquiet(e) **pour mon test d'orthographe** en ce moment, mais c'est temporaire.
Je me sentirai **heureux(se)** quand je **sortirai de la récréation et que je courrai avec mes amis**.

À TON TOUR!

Choisis certains soucis que vous as notés sur la page du cerveau inquiet feuille et vois comment l'une des pensées calmes peut t'aider à gérer la situation.

Je me sens inquiet(e) car _____ _____ en ce moment, mais c'est temporaire. Je me sentirai _____ quand je _____ _____.

Je me sens inquiet(e) car _____ _____ en ce moment, mais c'est temporaire. Je me sentirai _____ quand je _____ _____.

Je me sens inquiet(e) car _____ _____ en ce moment, mais c'est temporaire. Je me sentirai _____ quand je _____ _____.

CERVEAU CALME

Remplis toutes les pensées calmes, pleines d'espoir et heureuses qui traversent ton cerveau tout au long de la journée.

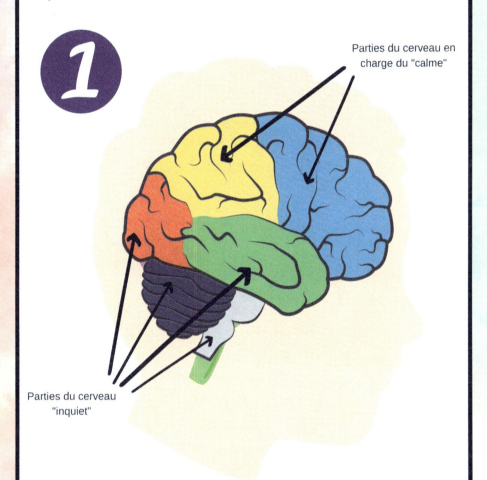

1

Parties du cerveau en charge du "calme"

Parties du cerveau "inquiet"

Ecoute tes pensées calmes: que te disent-elles?

CERVEAU INQUIET

Ecris toutes les pensées d'inquiétude que ton cerveau envoie tout au long de la journée.

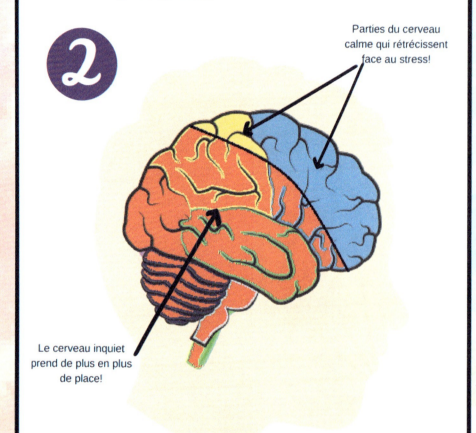

Parties du cerveau calme qui rétrécissent face au stress!

Le cerveau inquiet prend de plus en plus de place!

Ecoute tes pensées stressées: que te disent-elles?

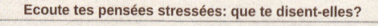

L'ALPINISTE

Beaucoup d'enfants ont l'impression d'avoir d'énormes montagnes à gravir lorsqu'ils rencontrent des obstacles. Et chaque fois que quelque chose les retarde dans leur ascension, on a parfois l'impression qu'ils n'arriveront jamais à leur objectif d'atteindre le sommet.

L'astuce pour escalader des montagnes, cependant, est d'en gravir une partie à la fois et de faire des pauses entre chaque victoire.

Tu ne peux pas courir sans t'arrêter jusqu'au sommet; tu dois adapter ta vitesse.

Imagine que tu escalades une montagne d'obstacles. Réfléchis à l'endroit où tu dois commencer. Tu ne peux pas débuter à mi-hauteur de la montagne. Il faut commencer par le début et faire des petits pas. Si tu rencontresun rocher glissant ou un sentier envahi par la végétation, vous devras t'arrêter et réfléchir à la façon de le contourner.

Sur la page suivante, remplis les arrêts qui te sont nécessaires le long de ce sentier de montagne pour décrire comment tu peux surmonter un problème.

Tout d'abord, identifie ton défi au pied de la montagne. C'est ton point de départ.

Ensuite, pense à une petite étape que tu peux franchir pour y arriver. C'est votre première pause eau.

Prévois au moins trois étapes avant d'atteindre le sommet.

Félicitations! Tu viens d'apprendre une méthode efficace pour comprendre comment surmonter un obstacle!

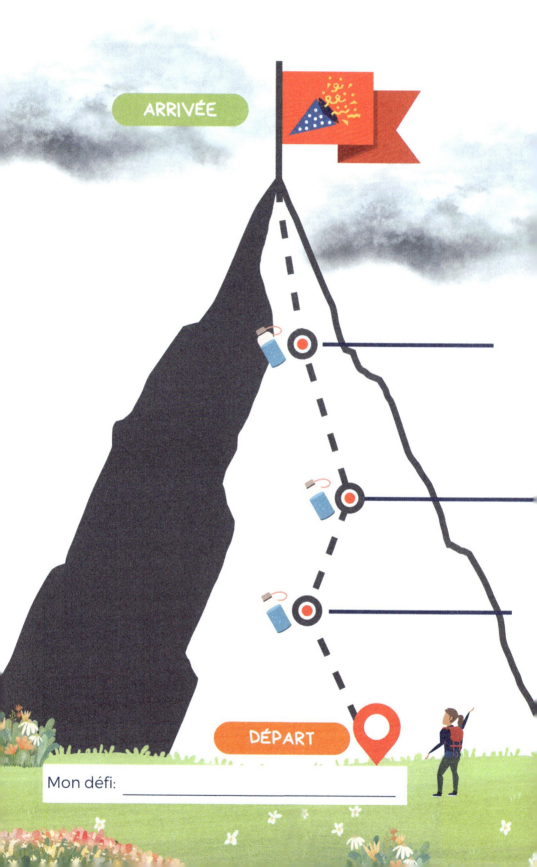

FAIRE FACE: ÉQUILIBRE / DÉSÉQUILIBRE

Beaucoup d'enfants se sentent fâchés, frustrés ou dépassés lorsque des obstacles inattendus les empêchent d'atteindre leurs objectifs.

Lorsque les enfants ressentent une vague d'émotions négatives, ils ont tendance soit à **les extérioriser** (les laisser sortir en faisant des choses comme crier, taper du pied ou claquer des portes) soit à **les intérioriser** (les garder à l'intérieur d'eux ce qui fait que les émotions s'accumulent et deviennent de plus gros et plus gros).
Ce sont deux exemples de façons déséquilibrées de faire face.

Agir avec équilibre t'aide à exprimer tes sentiments sans blesser personne d'autre autour de toi. Cela te permet d'être prêt à trouver des solutions saines.

En revanche, agir avec impulsivité et déséquilibre te fera te sentir plus mal (ainsi que les personnes qui t'entourent).

À la page suivante, vous trouvera quelques exemples de stratégies d'adaptation en équilibre et en déséquilibre.. Ce n'est pas grave si tu as utilisé certaines solutions de déséquilibre dans le passé.
Tu es prêt(e) à en apprendre de plus adaptées maintenant!
Entoure les stratégies de l'une ou l'autre des catégories que tu as déjà utilisées. Mets une étoile s'il y en a de nouvelles que tu souhaites essayer.. Si tu penses à d'autres stratégies, ajoute-les à ta liste.

- Respirer profondément
- Se promener
- Utiliser des déclarations comme "Je ressens..."
- Jouer avec un animal de compagnie
- Fermer les yeux et compter jusqu'à dix
- Ecrire ses sentiments
- _____
- _____
- _____

- Crier ou hurler
- Blâmer les autres
- Taper des pieds
- Argumenter
- Claquer les portes et ignorer tout le monde
- Garder ses sentiments à l'intérieur de soi
- Ressasser
- _____
- _____
- _____

LE FEU STOP !

Tu rencontreras des obstacles chaque jour.
Certains d'entre eux seront vraiment gros, mais beaucoup d'entre eux seront assez petits et faciles à gérer.
Toutes les difficultés t'obligent à réfléchir avant d'agir. Ralentir pour examiner d'abord la situation te permettra de prendre des décisions positives.

Une façon de ralentir et de prendre les meilleures mesures pour surmonter votre obstacle est d'imaginer qu'il y a un feu rouge dans votre esprit.

Utilise l'activité de la page suivante pour faire passer le feu du rouge au vert.

Lorsque tu auras terminé, réfléchis à la façon dont cela s'est passé.

Ton plan a-t-il fonctionné ?

Si oui, félicitations !
Si non, pas d'inquiétudes. N'hésite pas à revenir au feu rouge et recommencer.

UTILISE LE FEU STOP !

STOP: Prends de grandes respirations.
Quel est l'obstacle ? _____
_____

DOUCEMENT: Pense à ton plan...
1ère idée: _____
2ème idée: _____

GO: Utilise ton plan!
Qu'espère-tu qu'il se passera?
_____
_____

LE POUR ET LE CONTRE

Il y a généralement des aspects positifs et négatifs à toute solution à un problème.
Ceux-ci sont appelés avantages et inconvénients.
Par exemple, si vous vous disputez avec un camarade pour savoir à quel jeu jouer, une solution simple consiste à proposer son jeu afin d'y jouer ensemble à tour de rôle.
Le **POUR** (le côté positif) est que la dispute prend fin parce que vous avez un plan. Le **CONTRE** (l'aspect négatif), cependant, est que tu devras peut-être attendre un peu ton tour.
Lorsque tu pèses le pour et le contre d'une solution avant de choisir quoi faire, cela te donne le temps de réfléchir au meilleur choix pour agir.
Lorsque tu examines les avantages et les inconvénients, imagine que vous remplis un côté d'une balance avec des avantages et l'autre avec des inconvénients.
Quel côté en a plus ?
Cela t'aidera à guider ta prise de décision.

Fais correspondre les couleurs selon le modèle

SE PRÉPARER AUX ÉCHECS

Même lorsque tu sens que tu maîtrises l'art de la résolution de problèmes, il arrive parfois de subir des coups durs.

Il est naturel de se figer à cause du stress et d'oublier parfois ses meilleures compétences.

Cela arrive même aux adultes !

Il est donc utile de planifier à l'avance les échecs potentiels.

Plus tu passes de temps à réfléchir à la façon de surmonter les obstacles, plus ton cerveau intériorise ces compétences de résolution de problèmes.

Intérioriser signifie simplement que ton cerveau apprend à utiliser ces supers astuces sans même y penser à deux fois.

Bientôt, tu résoudras les problèmes toute la journée comme un(e) pro !

Remplis la feuille d'activité suivante pour mettre en place un plan de repli en cas de coup dur.

MON PLAN DE SECOURS

Mes trois stratégies préférées de résolution de problèmes :

1. _____
2. _____
3. _____

Elles fonctionnent pour moi parce que:

_____

_____

Trois personnes vers lesquelles je peux me tourner si j'ai besoin d'aide :

1. _____
2. _____
3. _____

Si mon plan ne fonctionne pas la première fois, je peux essayer ceci à la place :

_____

_____

APPRENDRE À BIEN COMMUNIQUER

SAVOIR COMMUNIQUER

Crois-le ou non, il est important de pratiquer une bonne communication lorsque tu fais face au stress.
La communication est juste un grand mot qui signifie que tu peux parler de choses avec d'autres personnes et partager ce que tu penses et ressens.

Lorsque les enfants sont capables de communiquer leurs besoins avec confiance, ils sont mieux en mesure de demander de l'aide, d'exprimer leurs sentiments et de se défendre et de défendre les autres.

Une bonne communication est particulièrement importante pour te permettre de gérer des situations difficiles qui peuvent déclencher du stress, comme avoir une dispute ou une peur quelconque.
.
Qu'est-ce qui fait une bonne communication ?
Une bonne communication implique d'être assertif, ce qui signifie que tu te défends d'une voix calme et confiante. Cela contraste avec un style de communication agressif (qui implique d'être impoli, autoritaire ou méchant) et un style de communication passif (qui implique de ne pas se défendre et de prétendre que tout va bien, même quand ce n'est pas le cas).
Il faut du temps pour développer des compétences de communication affirmées, et parfois les enfants confondent ces trois styles de communication. Si tu ne connais pas encore les différences entre eux, ne t'inquiète pas. Tu apprendras tout sur la communication dans ce chapitre!

A travers chaque description, réfléchis à la façon dont tu communiques avec les autres.

Indice : Tu peux utiliser différents styles de communication à différents moments.

Communication passive :
Difficulté à établir un contact visuel
Dire souvent "Je ne sais pas" ou "Je ne suis pas sûr"
Ne pas dire ce que tu penses
Parler d'une voix calme
S'excuser fréquemment
Ne pas vouloir parler en groupe
Avoir une position du corps affaissée

Communication agressive :
Interrompre ou parler en même temps que d'autres personnes
Voir prendre toute la place
Parler d'une voix forte, grossière ou méchante
Utiliser un langage corporel menaçant ou intimidant
Utiliser des dénigrements
Blâmer les autres
Se disputer fréquemment

Communication assertive :
Établir un bon contact visuel ou regarder près de l'autre personne
Utiliser une voix calme, claire et ferme
Dire non sans culpabiliser
Hocher la tête et poser des questions pour montrer que tu écoutes
Partager vos préoccupations en toute confiance
Debout, avec une position accueillante

QUEL EST MON STYLE ?

Pense à la façon dont tu communiques avec tes amis, frères et sœurs, parents, enseignants et autres personnes dans ta vie.

Au fur et à mesure que vous parcourez ces listes, cochez toutes les phrases qui, selon toi, s'applique à toi.
Peu importe s'il y en a quelques-unes dans chaque liste!

Style A - La communication passive

- [ ] J'ai tendance à regarder par terre quand je parle à quelqu'un et j'ai du mal à établir un contact visuel.
- [ ] Je dis souvent "je ne suis pas sûr" ou "je ne sais pas" quand les gens me demandent mon avis.
- [ ] Je parle doucement quand je réponds aux questions.
- [ ] J'ai du mal à parler en groupe.
- [ ] Je laisse généralement mes amis ou d'autres personnes du groupe prendre des décisions.
- [ ] Lorsque je réponds à des questions, je commence souvent par « Je ne sais pas si c'est vrai, mais... » ou « Je me trompe peut-être, mais... »
- [ ] J'ai du mal à parler si j'ai l'impression que les gens me regardent.
- [ ] Je m'excuse même si je n'ai rien fait de mal.

Modèle B - La communication agressive

- [ ] Je parle vite et utilise une voix forte.
- [ ] Je suis généralement la personne la plus bavarde dans un groupe de personnes.
- [ ] Je me rapproche parfois des gens pour m'assurer qu'ils sont attentifs.
- [ ] Je me dispute quand je pense que quelque chose n'est pas juste pour moi.
- [ ] Je suis parfois sarcastique.
- [ ] Je fais des blagues que les autres pourraient ne pas trouver drôles
- [ ] Je ne laisse pas les gens finir de parler si j'ai quelque chose d'important à dire.
- [ ] J'aime que les autres sachent que j'ai raison.

Modèle C - La communication assertive

- [ ] Je me sens en confiance quand je parle.
- [ ] Je fais de mon mieux pour établir un contact visuel.
- [ ] Je me sens calme quand je parle.
- [ ] Ma voix est claire et facile à entendre.
- [ ] Je peux projeter ma voix sur le groupe.
- [ ] Je montre que j'écoute en hochant la tête et en posant des questions.
- [ ] J'attends que les gens aient fini avant de commencer à parler.
- [ ] Je me sens à l'aise de dire non quand j'en ai besoin.

Maintenant, compte toutes les phrases que tu as cochées.
Dans quelle catégorie comptes-tu le plus de cases?

Catégorie A: Tu as tendance à être un peu passif(ve) et tu as du mal à t'exprimer. Tu ne formules pas toujours tes besoins. Tu peux apprendre à prendre confiance en toi et t'affirmer.

Catégorie B : Tu as tendance à être un communicateur agressif. Tu pourrais avoir besoin d'aide pour écouter ou apprendre à entrer et sortir des conversations avec plus de calme et de bienveillance.

Catégorie C : Il semble que tu pratiques déjà la communication bien construite. Continuez à travailler sur vos capacités d'écoute et à exprimer vos idées et vos besoins avec vos pairs et les adultes.

Ce que tu plantes
en toi
est ce qui grandira

MIROIR, MON BEAU MIROIR !

Parfois, il peut être difficile de savoir comment tu communiques parce que tu ne te vois pas parler !

Tu pourrais penser que tu te tiens droit(e) et que tu établis un contact visuel bienveillant, mais une autre personne pourrait penser que vous semblez distrait(e), non concerné(e) par la discussion ou ennuyé(e).

Une excellente façon de travailler sur tes compétences de communication assertive est de s'entraîner devant un miroir.

De cette façon, tu peux voir tes signaux non verbaux, qui correspondent à ton langage corporel, les expressions faciales et le ton de la voix que tu utilises lorsque tu parles.

Quelques formes de la communication non-verbale efficace s'expriment par le sourire, l'utilisation d'une voix confiante et un bon contact visuel. Une bonne communication ne concerne pas seulement ce que tu dis, mais aussi la façon dont tu le dis. C'est pourquoi il est si important de prêter attention à tes signaux non verbaux.

Pour pratiquer tes compétences en communication non verbale, place-toi devant un miroir et raconte-toi une histoire imaginaire.

Établis un contact visuel avec toi-même, souris quand quelque chose est drôle et répond quand il y a une pause.

Cela peut sembler idiot de parler tout seul, mais cela t'aidera en fait à renforcer ta confiance en toi en dialoguant, même de façon fictive.

Dessine-toi ci-dessous en train de parler avec confiance dans le miroir. Quels indices non verbaux montrent aux autres que tu as confiance en toi?

UTILISER LE JEU DU "JE"

Il est utile de prendre l'habitude de commencer ses phrases par "Je" lorsque tu exprimes tes sentiments, tes pensées et tes besoins.

Lorsque tu fais cela, tu évites de blâmer les autres pour des choses ou de les accuser d'être à l'origine de tes sentiments.
Etre maître de ses sentiments est puissant et t'aide à te concentrer sur ce que tu dois faire pour te sentir mieux.

S'habituer à cela demande un peu d'entraînement.

Voici comment fonctionnent le jeu du Je" :

Je ressens (*dis ton sentiment ici***) quand (nomme ce qui cause ce sentiment) parce que (***explique pourquoi***). S'il te plaît (indique ce que tu souhaiterais que l'autre personne fasse différemment).**

Essayons un exemple pour que tu puisses voir comment cela fonctionne.
Imagine qu'un ami se dispute avec toi à propos de quelque chose qui s'est passé à l'entraînement de football. La voix de ton ami devient très forte et intimidante.
Voici une formulation du "JE" que tu pourrais utiliser :

"Je me sens *mal à l'aise* quand *nous nous disputons à propos du football* car *je ne sais pas comment m'y prendre*. S'il te plaît, est-ce que je peux t'en parler?

Pense à quelques scénarios différents où tu as besoin de t'affirmer mais que tu ne sais pas comment faire, et remplis les blancs pour décrire comment vous auriez pu réagir de manière plus claire et posée.

> Je me sens _____
>
> quand _____
>
> car _____.
>
> S'il te plaît_____
>
> _____.

> Je me sens _____
>
> quand _____
>
> car _____.
>
> S'il te plaît_____
>
> _____.

DÉFINIR SES LIMITES

Apprendre à dire non et à se fixer des limites saines demande de la pratique.

Une frontière est ce qui fixe des limites à ton espace personnel et qui définit ce avec quoi tu es à l'aise ou pas.

Les limites peuvent être physiques (comme vouloir garder ton corps privé) et émotionnelles (comme traiter les autres avec gentillesse et s'attendre à ce qu'ils fassent de même en retour).

Une bonne première étape dans la création de limites saines consiste à créer ton propre "Manifeste des frontières". C'est une déclaration sur tes besoins personnels. Cela t'aidera à te rappeler que tu as le droit de te défendre, d'obtenir de l'aide quand tu en as besoin et de dire "Non"!

Remplis le manifeste de la page suivante avec tes propres règles sur l'affirmation de soi.
Tu pourrais inclure des choses comme "J'ai le droit de ne pas être d'accord avec l'irrespect", "J'ai le droit de dire non" et "J"ai le droit d'être en colère".

Quelles limites peux-tu définir qui t'aideront à te sentir en confiance, entendu(e) et compris(e)?
Penser à tout cela est une première étape importante. Une fois que tu les auras écrites, commence à les mettre en application en les partageant avec les adultes autour de toi.

Mes droits

QUE PENSENT-ILS ?

"Qu'est-ce que tu as dit!?"

Quelqu'un t'a-t-il déjà dit cela parce qu'il t'a mal compris? Parfois, nous pensons que nous sommes clairs, alors qu'en réalité, les autres ont du mal à nous comprendre.
C'est parce que tout le monde est différent et que nous avons tous nos propres réponses et styles de communication. Si tu as déjà eu une conversation où quelqu'un n'a pas compris ce que tu disais, ce n'est pas grave.
C'est l'occasion de réfléchir aux mots que tu as utilisés et de réessayer.

Remplis les bulles de pensée sur la page suivante pour passer en revue certaines conversations déroutantes que as déjà eues.
Que voulais-tu dire à l'autre personne?
Qu'est-ce que cette personne pense que tu avais dit?
Comment peux-tu t'ajuster pour la prochaine fois?
Lorsque vous considères le point de vue de l'autre personne, cela s'appelle *la prise de perspective*. C'est une façon utile de réfléchir à la façon dont tu communiques avec les autres et de la façon dont ils se sentent en conséquence.

Lorsque tu fais cela, tu te donnes une vraie chance d'améliorer tes compétences en communication.

COMMENT?!?

J'ai dit...   Ils ont entendu...   La prochaine fois...

SWITCHER LES MOTS

Lorsque nous sommes stressés ou bouleversés, il est facile de blâmer les autres ou de dire des choses que nous regrettons plus tard.

C'est parce que lorsque nous sommes stressés, nous ne nous arrêtons pas toujours pour réfléchir aux mots que nous utilisons. Cela peut blesser d'autres personnes, même si nous ne le voulons pas.

Une chose que tu peux faire pour éviter cela est de t'entraîner à apporter des changements simples à ton langage afin de ne pas blâmer les autres pour tes sentiments.

Vous peux t'affirmer et faire passer ton message d'une manière calme qui aide les autres à comprendre ton point de vue.

Découvrons les exemples ci-dessous :

Au lieu de	Essaie cela
Tu as tort!	Je ne suis pas d'accord.
Tu m'énerves!	Je me sens bouleversé(e).
Tu te fiches de moi!	Je me sens seul(e).

À ton tour! Pense à certaines phrases que tu peux modifier pour remplacer les blâmes par des phrases assertives.

Au lieu de: J'essaie:

CROIRE EN MOI

AVOIR TOUTE CONFIANCE EN SOI

Les enfants confiants résolvent mieux les problèmes parce qu'ils savent qu'ils ont les compétences et la capacité de surmonter leurs obstacles. Ils comprennent que même si la vie peut parfois sembler difficile, ils peuvent toujours faire des choses difficiles. Il est naturel de se sentir plus confiant dans certains contextes que dans d'autres. Tout le monde se sent ainsi.

Apprendre à renforcer ta confiance en toi te préparera à surmonter même tes plus grands obstacles.

Une chose importante à retenir est qu'il faut du temps pour construire ta confiance en toi.
Si tu luttes avec quelque chose en ce moment, sache que tu n'es pas seul(e).

Les enfants sont souvent tellement occupés à faire toutes sortes de "choses d'enfants" qu'ils ne prennent pas toujours le temps de réfléchir à leurs points forts.
Mais il est vraiment utile de penser à ce dans quoi tu es doué(e), car cela t'aidera à grandir.
Cela renforce toi estime de toi, à reconnaître tout le travail acharné et les efforts que tu as déployés, même lorsque les choses te paraissent difficiles.

La vie

est un

arc-en-ciel

TOUT SUR MOI

Tu connais sûrement ces panneaux d'affichage accrocheurs pour les films et les émissions de télévision qui t'excitent pour de nouvelles choses à regarder ?

Ces panneaux d'affichage fonctionnent parce qu'ils vous montrent que quelque chose de grand arrive bientôt.

Et toi aussi, vous peux créer ton propre panneau d'affichage personnel pour montrer à quel point tu es formidable !

Remplis le panneau d'affichage de la page suivante avec des images, des mots, des phrases et même des photos, pour montrer pourquoi tu es un si bon ami, membre de la famille,....

Présentez tes forces pour que le monde (ou toute personne à qui tu souhaites le montrer) puisse les voir !

LA TOUR DE L'ESTIME DE SOI

Tu ne peux pas développer ton estime de toi du jour au lendemain, mais tu peux commencer à la développer en pensant à tes boosters d'estime de soi.

Ce sont les choses que tu peux faire ou dire pour te sentir bien dans ta peau.
Il peut s'agir de mantras (comme "Je peux résoudre des problèmes difficiles, j'ai confiance en ma réussite"), de souvenirs heureux ou même de personnes qui te soutiennent.

Il y a toutes sortes de boosters autour de nous. Les reconnaître est important.

Remplis la tour de la page suivante en ajoutant un booster d'estime de soi à chaque bloc.
Vois quelle hauteur ta tour atteint - tu peux même y ajouter plus de blocs sur le tien!

Tu ne sais pas comment trouver tes propres boosters? Aucun problème! Voici quelques exemples :

- Les personnes qui te soutiennent
- Ton souvenir préféré
- Tes valeurs et traditions familiales
- Des mots ou des phrases qui t'incitent à persévérer
- Des choses que tu aimes faire faire (comme cuisiner, faire du sport...)
- Ce que tu fais pour te sentir calme et détendu

LES BOOSTERS D'ESTIME DE SOI !

UNE ASSIETTE PLEINE DE GRATITUDE

La gratitude consiste à montrer de la reconnaissance ou de l'appréciation pour ce que tu as déjà dans la vie. Et crois-le ou non, prendre l'habitude d'exprimer sa gratitude peut te rendre plus heureux(se) et plus confiant(e).

Lorsque tu prends le temps d'être reconnaissant(e) pour ce que tu as déjà, au lieu de te soucier de ce que tu n'as pas, tu es plus susceptible d'éprouver des émotions positives.

Une stratégie de gratitude simple que tu peux pratiquer chaque jour consiste à commencer la journée avec trois pensées pleines d'espoir et à la terminer avec trois pensées reconnaissantes.

Lorsque tu fais cela, tu commences et termines ta journée passée sur une note positive, peu importe ce qui se passe entre le réveil et le coucher.

Une autre stratégie que tu peux utiliser consiste à remplir votre assiette de gratitude. Tu peux utiliser l'assiette fournie à la page suivante, utiliser une assiette en carton ou en fabriquer une pour cet exercice.

Dans cette assiette, écris ou dessine toutes les choses de la vie pour lesquelles tu es reconnaissant(e). Celles-ci peuvent être de petites choses ou de grandes choses. Mets à jour ton assiette lorsque tu penses à de nouvelles choses à y ajouter !

 **AU MENU AUJOURD'HUI...**

CONFIANCE ET BRAVOURE

Bien que certains enfants pensent que la bravoure est la même chose que la confiance en soi, ce n'est pas le cas.

Tu peux te sentir courageux un jour et moins courageux un autre, mais cela ne signifie pas que ta confiance en toi a disparu.
La vérité est que nous avons tous parfois besoin d'un peu plus de courage pour y parvenir pleinement.
Cela ne nous rend pas faibles mais tout simplement humains !

Ta confiance en toi grandit au fur et à mesure que tu apprends et pratiques de nouvelles compétences, et de petits actes de courage peuvent être tout aussi inspirants que des actes de bravoure géants!

Pour t'aider à développer ta confiance en toi, crée des cartes de courage à conserver dans ton sac à dos.

Ces cartes peuvent inclure des phrases, des mots ou des dessins positifs pour t'aider à surmonter les moments difficiles.

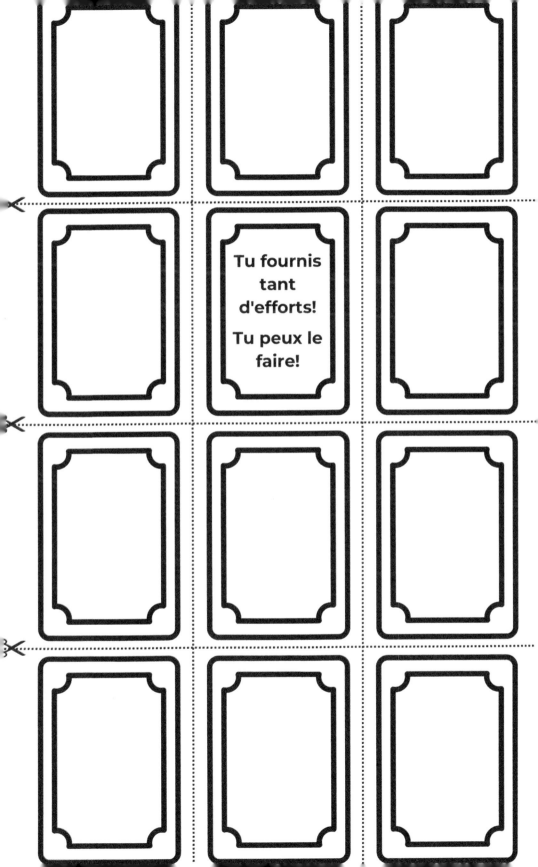

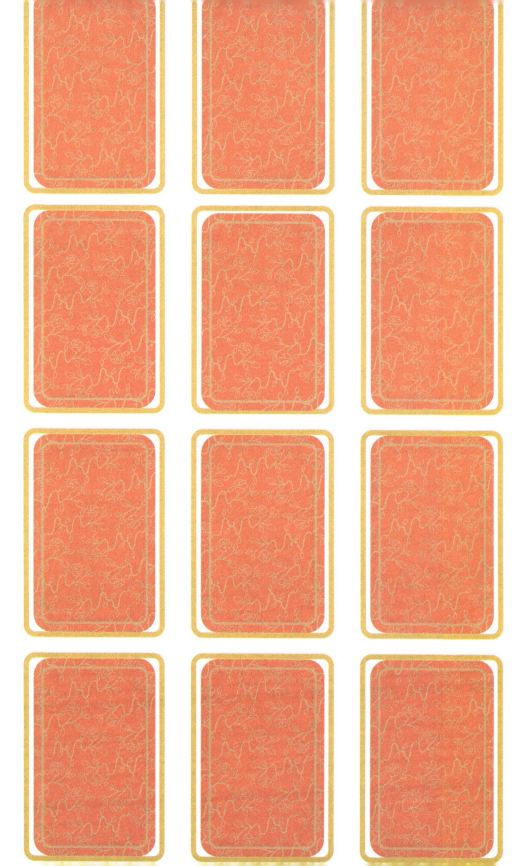

MES FORCES, MON CARACTÈRE!

Il est facile de se laisser prendre par moments d'accomplissement comme de bonnes notes ou des trophées gagnés en guise de réussite, mais ce ne sont que des choses que tu as réussi en accomplissant certaines tâches.
Cela ne construit pas vraiment ton estime de soi.
Tu pourrais te sentir bien de gagner un trophée sur l'instant, mais il finira probablement par se retrouver sur ton étagère et tu pourrais même oublier qu'elle est là.

Les *"moments de caractère"*, en revanche, renforcent fortement l'estime de soi.

Un moment de caractère est un souvenir puissant d'un moment où tu as mis en valeur tes qualités positives. Compléte les phrases de l'activité suivante en décrivant un moment où tu as pu démontré tes forces. Ensuite, affiche la page comme un rappel de la personne formidable que tu es.

N'oublie pas: Tu as passé tant de bons moments !

C'est tout moi!

Une chose gentille que j'ai faite

Une chose courageuse que j'ai faite

Une chose utile que j'ai faite

Quelque chose de cool que j'ai créé

J'étais responsable quand

J'étais honnête quand

Je me suis senti(e) en confiance quand

UNE TONNE D'APPLAUDISSEMENTS

Ça fait vraiment du bien quand les autres nous font des compliments! C'est agréable d'être remarqué pour notre travail acharné et nos efforts. La plupart des gens apprécient les commentaires positifs des autres.

Mais sais-tu que tu peux te donner toi-même des commentaires positifs et obtenir le même résultat? Lorsque tu reconnais ton travail acharné et les grandes choses que tu accomplis, c'est comme te donner une tape de félicitations dans le dos.
Et lorsque tu te donnes cette tape dont vous as tant besoin, c'est un meilleur stimulant de confiance que lorsque quelqu'un d'autre que toi la donne, car cette rétroaction positive fait partie de la façon dont tu te parles (on appelle cela le discours intérieur).

Ton discours intérieur est vraiment important car il influence la façon dont tu te traites. Lorsque tu tiens un discours intérieur positif, tu te sens bien dans ta peau et tu es persuadé(e) que tu es capable de grandes choses.

Mais lorsque tu as un discours intérieur négatif, tu ne crois pas en toi et tout votre travail acharné n'est pas reconnu.

Si tu veux vraiment croire en toi, tu dois commencer par reconnaître toutes les bonnes choses que tu accomplis chaque jour.

Quand j'étais au collège, j'avais un professeur souvent qui s'exclamait : "Une tonne d'applaudissements pour toi, Aurélie!", pour me féliciter lorsque j'avais réussi un travail difficile.

Toutes ces années plus tard, je peux encore imaginer son sourire et maintenant j'ai changé la phrase en "Une tonne d'applaudissements pour moi!". Et cela fait partie de mon discours intérieur positif.

Sur la page suivante, écris cinq compliments pour aider ce discours intérieur positif à devenir une partie de qui tu es.

Donne-toi régulièrement des commentaires positifs et sois précis !

Plus tu fais cela, plus tu te sentiras confiant!

1000 BRAVOS!

REGARDE COMME JE BRILLE

Pense à tes points forts peut être difficile. Beaucoup d'enfants me disent même qu'ils se sentent mal à l'aise quand je leur demande de le faire. Il peut être difficile pour les enfants de penser à leurs points forts, car on leur dit souvent d'éviter de se vanter ou de se montrer.

Les adultes leur disent toujours de minimiser leurs forces et leurs réalisations pour que les autres enfants ne se sentent pas mal.
Lorsque tu es en groupe, le fait de parler de ton talent peut amener certains enfants à ressentir de la jalousie ou à donner l'impression qu'ils ne sont pas à la hauteur. Si tu le fais souvent, les enfants pourraient cesser de t'écouter. Mais il y a une grande différence entre partager tes forces et te vanter de tes réussites.

Pense à ce que c'est que de jouer dans une équipe. Il faut toutes sortes de talents pour constituer une grande équipe de football n'est-ce pas?
Tu as besoin de personnes qui peuvent marquer des buts, de ceux qui peuvent jouer en défense et de quelqu'un qui est assez courageux pour jouer au gardien de but.

Découvre les deux déclarations ci-dessous.

Quelle affirmation ressemble à celle de quelqu'un qui partage ses forces ?
Mets un visage heureux à côté de celle-ci.
Laquelle ressemble à quelqu'un qui se vante ?
Mets un visage triste à côté de celle-là.

"Je marque toujours le plus de buts, donc je ne devrais jouer qu'en avant!"

«Je joue très bien gardien de but. Est-ce que ça va si je commence dans le but ?

Vois-tu la différence entre partager tes forces et te targuer de tes réussites ? Sur la page suivante, liste les façons dont tu brilles dans chaque catégorie. Cela t'aidera à réfléchir à la manière dont tu peux utiliser tes forces pour atteindre tes objectifs.

Mon cerveau le fait pour moi :  **Je suis un bon ami car:**

 Je suis unique car: **Mon corps :**

C'est le bon moment pour faire un check-up rapide pour voir comment tu te sens.
Concentre-toi sur ce que tu ressens aujourd'hui et coche la réponse qui correspond le plus à ce que tu vis. Rappelle-toi que tout le monde a des hauts et des bas, donc ce n'est pas grave si tu te sens incertain(e) à propos de certaines de tes réponses.

	Toujours	Parfois	Jamais
Je suis de bonne compagnie			
Je sais que je peux atteindre mes objectifs			
Je suis responsable			
Je sais écouter l'autre			
Je suis créatif(ve)			
Je sais résoudre les problèmes			
J'aide les autres			
Je crois en moi			
Je me sens heureux(se) et confiant(e)			
Les gens peuvent compter sur moi			
Je fournis le maximum d'efforts pour réussir			

Qu'est-ce qui te fait ressentir très confiant(e) ?
Sur laquelle de ces choses souhaites-tu améliorer ?
Que peux-tu mettre en place pour y arriver?

UNE LETTRE À MOI-MÊME

Lorsque tu passes une dure journée, il est utile de t'écrire une note te rappelant que les mauvaises journées sont temporaires et que tu peux agir différemment la prochaine fois.

L'écriture t'aide à exprimer tes sentiments et tu te donne ainsi une chance de te pardonner et de créer un plan pour recommencer de nouveau une autre tentative.
Tout le monde a des journées difficiles, et sache que tes journées difficiles ne définiront jamais celui ou celle que tu es!

Pour créer ta lettre, remplis les blancs sur la page suivante ou écris ta propre lettre.

Cela t'aidera à traverser ta dure journée et à comprendre comment repartir à zéro demain.

Cher(e) _____,

Aujourd'hui était difficile parce que _____.

Lorsque cela s'est produit, je me suis senti(e) _____.

J'ai géré cette situation en _____, mais j'aurais aimé avoir pu _____ à la place.

C'est normal qu'aujourd'hui ait été une dure journée. Ce n'est pas grave si j'ai fait des erreurs. Une chose qui s'est bien passée aujourd'hui était _____.

Lorsque cela s'est produit, je me suis senti(e) _____.

Demain est un autre jour. Demain, je commencerai la journée en pensant à ces trois pensées positives sur moi-même :

1. _____
2. _____
3. _____

J'ai appris cette leçon importante aujourd'hui : _____.

Si j'ai un problème similaire demain, je _____ _____.

PENSER POSITIF

RIEN QUE DU POSITIF!

La pensée positive nous aide à surmonter nos pensées négatives, à nous concentrer sur nos objectifs et à réduire le stress.

Mais la pensée positive ne consiste pas seulement à dire des choses positives. Il s'agit de changer notre état d'esprit (qui est votre façon de voir le monde) afin que tu saches que tu peux réussir à te sentir heureux à nouveau, même dans tes jours les plus difficiles.

Personne n'est heureux ou positif à chaque seconde de chaque journée. Nous vivons tous beaucoup d'émotions chaque jour. Cela fait partie de l'être humain. Mais lorsque tu as un état d'esprit positif, cela t'évite de rester coincé(e) dans des pensées négatives ou des sentiments de désespoir.

Lorsque les enfants sont capables d'utiliser un état d'esprit positif, ils sont mieux à même de faire face au stress et de résoudre leurs propres problèmes.

Pour commencer à changer ton état d'esprit, il est utile de comprendre comment fonctionnent les pensées positives et négatives.

Beaucoup d'enfants ne savent pas que la pensée négative est vraiment puissante. Il faut en fait trois pensées positives pour vaincre une pensée négative. Autre fait important : la première étape vers la pensée positive consiste en fait à écouter tes pensées négatives. Toutes les pensées essaient de nous dire des choses importantes.

C'est à nous de les accueillir. Essayons ensemble!

Dans la première case de l'activité suivante, dessine une image qui montre les pensées négatives qui t'accablent. Assure-toi de les dessiner en détail.

Dans la deuxième case, dessine une scène relaxante pendant que tu fais une pause et pratique une respiration profonde.

Dans la troisième case, dessine-vous en utilisant trois pensées positives pour surmonter les pensées négatives.

Ce sont des façons de penser alternatives qui t'aident à apprendre et à grandir.

Tu trouveras sur la page suivante trois étapes pour changer ta façon de penser!

1 Dessine tes pensées négatives ici

2 Respirez et crée une scène relaxante

3 Dessine-toi utilisant trois pensées positives ici

VISUALISE TES RÉUSSITES!

La visualisation est un outil puissant qui peut t'aider à concentrer ton attention sur les belles choses à venir.
Le mot visualiser est juste une autre façon de dire que tu es en capacité d'imaginer quelque chose dans ton esprit.

En fermant les yeux, en respirant profondément et en visualisant des résultats positifs, tu te prépares à faire de ton mieux. Les athlètes professionnels utilisent cet outil pratique et sache que est que tu peux utiliser cette méthode n'importe où.

Si tu as une journée difficile ou si tu t'attends à fournir énormément d'efforts pour atteindre ton objectif, suis ces étapes :

- Ferme les yeux et prends trois respirations lentes.
- Dans ton esprit, dessine une image de ta meilleure version de toi. Essaie-tu d'atteindre un objectif particuliers? Génial!
- Imagine toutes les étapes que tu dois suivre pour l'atteindre.
- Ouvre les yeux et dessine ce que tu visualises.

Vous peux utiliser la page d'activité qui suis pour réaliser cet exercice..

Trouve la première étape dans ton dessin. Commence par là !

LES POST-IT DU POUVOIR

Une manière de faire fonctionner la pensée positive consiste à concentrer ton attention sur ce quetu sais déjà pouvoir réussir. C'est ce qu'on appelle se concentrer sur sa zone de confort.

Il y aura des moments où tu voudras sortir de ta zone de confort pour apprendre de nouvelles choses, mais quand tu sais ce que tu fais de bien et dans quel domaine tu brilles, cela t'aidera à puiser dans la pensée positive lorsque tu rencontras des obstacles.

Lorsque tu t'exprimes de manière positive, tu te sens bien dans ta peau. C'est comme si vous étiez votre propre supporter.

T'encourager te permet également de surmonter des difficultés par toi-même, car vous n'avez pas besoin d'une autre personne pour te dire ce que tu es capable de faire - tu le sais dans ton cœur et cela te pousse à aller plus loin!

Remplissez les "post-it" sur la page suivante avec des choses que tu sais déjà bien faire.

Tu pourrais écrire : "Je peux être un(e) ami(e) précieux(se)" ou "Je peux faire mes devoirs tout(e) seul(e)".

Lorsque vous remplis cette page avec tout ce que tu sais faire, vous verras que tu as beaucoup de qualités et de compétences pour résoudre les problèmes.

Si tu veux faire évoluer cette activité au niveau supérieur, procure-toi de véritables post-it, remplis-les de pensées positives sur toi-même et affiche-les dans ta chambre!

Cela te donnera un rappel visuel quotidien de toutes les grandes choses que tu es capable de faire!

À PETITS PAS VERS TES OBJECTIFS

Une chose que beaucoup d'enfants me disent, c'est qu'ils ont des objectifs très précis qu'ils veulent atteindre tout de suite.

Mais la vérité est que l'atteinte des objectifs est généralement un processus lent et qu'il faut un état d'esprit positif pour persister à travers les obstacles en cours de route. Rappelle-toi de la montagne à grimper!

J'aime penser que fixer des objectifs revient à parcourir un chemin qui nécessite de nombreux petits pas, comme marcher dans une forêt.

Si tu cours du début à la fin, vous manqueras toute la beauté du paysage et les choses intéressantes que la forêt a à offrir.

Mais si vous ralentis et que tu fais de petits pas, tu verras tout un monde dont tu ne soupçonnais même pas l'existence!

Pensez à un objectif que vous as. Disons que ton objectif est de peindre une beau coucher de soleil comme celui que vous as vu sur une carte postale.

Quelles sont toutes les étapes que tu dois suivre pour atteindre cet objectif?
As-tu besoin de cours de peinture ou de t'entraîner à dessiner d'abord?
As-tu besoin d'apprendre à mélanger les couleurs?

Toutes ces petites étapes sont appelées "Points de repère". Ce sont les mini-objectifs qui t'aident à atteindre un grand objectif.

Tu peux avoir autant de repères que nécessaire, mais il est bon de t'en fixer au moins trois que tu dois suivre pour atteindre ton objectif. Cela t'aide à décomposer ton objectif en parties faciles à effectuer afin que celui-ci ne te semble pas écrasant.

Essaie donc!

Sur la page suivante, choisis un objectif que tu aimerais atteindre, puis identifie trois repères (ou petites étapes) que tu pourras suivre pour y parvenir.

+ + + = + = + = + = + = + ...

La grande chose à propos de la pensée positive est qu'elle a tendance à inspirer une pensée plus positive à sa suite. Er encore, et encore! Une fois que vous avez pris l'habitude de penser aux choses qui vous rendent confiante, capable et heureux(se), tu remarqueras qu'une bonne pensée en entraîne une autre.

Bien sûr, il en va de même pour la pensée négative.
Dans les deux cas, tu peux te retrouver dans un cycle. Un cycle est quelque chose qui ne cesse de se répéter en boucle, un peu comme la roue d'un vélo qui tourne encore et encore.

Pour démarrer une chaîne de pensée positive, commence petit.
Si commencer petit semble être un thème récurrent dans ce chapitre, c'est pour une bonne raison.
Le stress peut survenir lorsque nous accumulons de la pression sur nous-mêmes, même de la pression positive.*

Se fixer une tonne d'objectifs peut paraître sain, mais nous devons apprendre à équilibrer les objectifs avec des pauses.
Nous devons trouver un équilibre entre des activités excitantes et des activités apaisantes.
Nous devons ressentir de la gratitude pour toutes nos petites victoires, grandes et petites.

Une petite pensée positive forte peut ressembler à
"Je crois en moi en toute situation!".

Pense à cela pendant un moment. Qu'est-ce que cela signifie? Décomposons-les étapes:
Ta première pensée positive forte peut pourrait engendrer des pensées supplémentaires telles que
"Je sais que je suis un(e) travailleur(se) acharné(e)",
"Je suis capable d'atteindre mon objectif!",
"Je fais toujours de mon mieux",
"Je suis attentionné(e) et à l'écoute",
"Je suis doué(e) pour me faire des amis » et encore bien d'autres choses.

C'est l'essfet de la réaction en chaîne!

Sur la page suivante, remplissez ta chaîne de pensée positive. Si vous tu retourves coincé(e), ne t'en fais pas. Ferme les yeux et imagine quelque chose de positif sur toi-même. Ta prochaine pensée arrivera!

Astuce supplémentaire : C'est un jeu amusant à jouer en groupe. Une personne commence la chaîne en partageant une pensée positive, la personne à côté partage une pensée positive liée à la pensée originale, et vous continuez à faire le tour du groupe jusqu'à ce que vous reveniez à la personne qui l'a lancée en premier!

Tu as le courage
jour après jour
de dépasser
tes limites

SE "CONNECTER À LA TERRE"

C'est toujours une bonne idée de travailler sur un exercice de retour à soi lorsque tu es calme et sans stress afin de savoir comment l'utiliser lorsque tu es contrari(e). Les exercices de retour à la terre, qu'on appelle aussi "grounding" sert à réduire les états d'extrême nervosité, mais convient également aux moments où nous éprouvons de la confusion, de la peur ou de la tristesse sans qu'une cause particulière ne justifie ces émotions.

Le stress et l'inquiétude peuvent tedonner l'impression que tu ne peux pas reprendre ton souffle.

Parfois, la frustration se ressent aussi de cette façon. Le fait de t'ancrer dans ton environnement t'aidera à surmonter ces émotions inconfortables et à recadrer ta pensée.

Suivez ces étapes pour t'habituer au *Grounding*:

- Mets les pieds sur terre, leve-toi si tu le peux.
- Respire lentement (inspire sur quatre temps, maintiens sur quatre, expire pendant quatre, maintiens pendant quatre).
- Répète.
- Nomme trois choses que tu peux voir, trois choses que tu peux entendre, trois choses que tu peux sentir.
- Prends une autre respiration lente.
- Dis : "Je vais bien. Je me calme."
- Nomme trois choses qui te font sourire.

Entraîne-toi souvent, même si tu n'en as pas besoin, pour entraîner ton cerveau à traverser les moments difficiles.

Plus tu essaies cette stratégie lorsque tu es calme, plus elle est facile à utiliser lorsque tu te sentiras dépassé(e).

DERNIÈRES PENSÉES

Que tu aies terminé ce livre ou que tu aies préféré sauter des chapitres pour voir comment il se termine (ce n'est pas grave, je le fais parfois aussi), **<u>félicitations</u>** pour avoir travaillé à développer tes compétences anti-stress !

Le stress fait partie de la vie, et tous les stress ne te feront pas penser à utiliser un livre comme celui-ci.

Mais apprendre à accueillir l'inconfort et à faire face au stress est une partie importante de la vie que tu n'apprends pas forcément à l'école.

Prends ton temps avec ce livre.
Revois régulièrement les stratégies que tu as trouvées les plus utiles.
Apprends-les à un frère, une sœur ou à un ami.

J'espère que ce livre incitera les enfants à sympathiser les uns avec les autres, à s'entraider dans les moments difficiles et à travailler ensemble pour surmonter les obstacles de toutes tailles!

Une chose dont je suis certaine, c'est que lorsque les enfants travaillent ensemble, tout le monde y gagne!

CERTIFICAT

DE VICTOIRE

que j'ai la fierté de remettre à

_____

qui a appris à faire face au stress,
à traverser des moments difficiles
et à utiliser la pensée positive.

Continue sereinement ta route!

 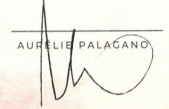

Printed by Amazon Italia Logistica S.r.l.
Torrazza Piemonte (TO), Italy